Petra von Minden

…und Gott sagte: „Glaub' mir, es ist alles ganz einfach…“

ch. falk verlag

Originalausgabe

2. Auflage 2000

Umschlaggestaltung nach der Seidenmalerei „Sternzeichen Widder“ von Deva Bieroth und Gerhard Pommer, Prien

Satz: Plejaden Publishing Service, Boltersen
Druck: Druckerei Sonnenschein, Hersbruck

Printed in Germany
ISBN 3-89568-057-5

Ich begrüße dich!

Dies Buch wird für dich geschrieben. Ja, du liest richtig, es wird für dich geschrieben!

„Wie kann ein Buch für mich persönlich geschrieben sein, das es zu kaufen gibt und das sicher viele Menschen lesen?“ wirst du dich fragen – das geht doch gar nicht, oder?

Doch es geht! Es geht, indem es das Universelle in dir anspricht, das, was du in der Tiefe deines Sein mit allen Menschen gemeinsam hast.

Aber du mußt mir nicht glauben. Lies einfach und überprüfe, ob ich **dich** anspreche, **dich** erreiche, ob du **spürst**, daß es wahr ist. Wenn nicht, dann lege das Buch wieder aus der Hand. Aber bedenke, daß es aus einem bestimmten Grund zu dir wollte und du zu ihm. Es wäre dir nicht in die Hände gefallen, wenn es dir nicht helfen könnte.

Wer bin ich, daß ich so absolut spreche?

Nun, einige Menschen nennen mich Gott, aber ich habe viele Namen, du kannst mich also auch gerne Robert nennen oder Anita, Freund oder Vater.

Petra, durch deren Hand ich schreibe, sieht in mir so etwas wie den perfekten Therapeuten. Warum nicht?

Ich höre dich innerlich aufschreien „So'n Quatsch. Das kann doch gar nicht sein. Gott hat noch nie direkt zu den Menschen gesprochen und dann noch in so einer flapsigen Art – unmöglich! Was bildet sich diese Petra eigentlich ein? Was maßt sie sich da an? Sie macht das Heilige alltäglich.....usw."

Ich frage dich, warum nicht? In Sprache und Form muß ich mich an die Zeiten und die Menschen anpassen, wenn ich sie erreichen möchte. Das wirst du doch einsehen? Oder glaubst du, ich sei völlig unflexibel, altmodisch, von Vorgestern ? Ein Gott, der vor 2000 Jahren steckengeblieben ist? – Bin ich nicht!

Und außerdem, ist nicht alles, was mit unserem Leben zusammenhängt, im Grunde immer nur ‚alltäglich'?

Hol mich herunter von Wolke 7!

Hol mich heraus aus den Kirchen!

Hol mich mitten in dein Leben, deine Arbeit, deine Freizeit!

Aber zu deiner Frage, was Petra sich dabei denkt, soll sie sich besser selber dazu äußern.

Mhm, ja ich kann die Skepsis der Leser verstehen. Auch ich bin wieder in Versuchung, es nicht zu glauben, was da gerade passiert.

Aber eigentlich ist das nur so, weil ich weiß, daß dies was ich jetzt schreibe veröffentlicht werden soll und ***das*** *ist neu für mich und verunsichert mich. Im Grunde sind mir die direkten Gespräche mit Gott längst vertraut und besonders gut geht es beim Schreiben. Nur habe ich das bislang lediglich privat getan, so quasi im stillen Kämmerchen. Kaum einer in meiner Umgebung weiß davon.*

Ich hatte nicht immer diese direkte Verbindung zu Gott, ganz im Gegenteil.

Ich wurde völlig antireligiös und antispirituell erzogen.

Heute weiß ich, daß dies meine Chance war, alles, wirklich alles in mir selber zu finden. Ich war durch keine Dogmen festgelegt oder beeinflußt. Ich konnte gewissermaßen meinen eigenen Gott finden.

Heute jedoch würde ich mich sehr wohl als spirituell und auch als religiös (im Sinne von religio = Rückbindung) bezeichnen, aber wie es dazu gekommen ist, das wäre ein anderes Buch.

Deshalb hier nur ganz kurz:

Ich war immer schon außergewöhnlich skeptisch und glaubte nur, was logisch war und sich auch praktisch im Leben bewies.

Tatsächlich kam ich genau so zu Gott. Vielleicht war es ein seltsamer Weg, aber es war der einzige, der für mich ging.

Im Laufe meines Lebens und meines Selbstfindungsprozesses versuchte ich viele Wege, probierte viele Meditationstechniken, versuchte mit Geistführern, Engeln und symbolischen Innenwelten in Kontakt zu kommen. Und das gelang auch meist. Alles brachte mich weiter, Schritt für Schritt.

Und doch blieb ich immer irgendwie unzufrieden. Letztlich waren sie doch auch nur Mittler der einen großen Wahrheit, und ich wollte direkt hin, nicht mehr und nicht weniger. Ich wollte mit dem ‚Boß' reden. Mein Gott sollte sich dafür nicht zu schade sein, sonst wollte ich ihn nicht. Ich wollte keinen arroganten Gott, für den wir ‚kleinen Leute' unwichtig sind.

Ich habe mich nie mit wenig zufrieden gegeben, wenn ich mehr kriegen konnte, und Gott zu fürchten, hatte ich nie gelernt, hatte ihn nie auf einen Thron gesetzt.

So richtete ich eines Tages das Wort direkt an ihn:

„Hey, Boß, ich will mit **dir** *reden!"*

Mein Erstaunen und auch Erschrecken, war nicht gering, als ich prompt Antwort erhielt. Ich hörte ihn in mir wie eine fremde Stimme und doch wie meine eigene, aber ohne Ton. Ich sah ihn, aber ohne Bild. Es gibt keine Form, die beschreiben könnte, wie ich ihn wahrnehme. Ich **spüre** *sein Schmunzeln.*

Natürlich habe ich anfangs gedacht, daß ich spinne oder Selbstgespräche führe, mir etwas einbilde, langsam überschnappe oder größenwahnsinnig werde. Ich habe es erst einmal nicht geglaubt. Auch habe ich niemandem davon erzählt, es war mir zu peinlich. So gab es anfangs lange Abstände, bis ich wieder den Mut fand, ein ‚Gespräch' zu suchen. Und immer wieder die Frage: Wie erkenne ich, ob es meine oder tatsächlich Gottes Stimme ist?

Immer wieder Skepsis, Mißtrauen und Widerstand.

Was sich nun allerdings ganz glücklich mit meiner Skepsis paart, ist eine generelle Offenheit für alle Aspekte, solange noch nichts bewiesen ist. Ich habe immer gefunden, daß dies eine recht konstruktive Vorgehensweise ist. Ich nahm es also erst einmal ernst, sozusagen als Arbeitshypothese, bereit, es auch jederzeit als Fehler zu erkennen und wieder zu verwerfen.

Aber warum suchte ich immer wieder diese Art von Gespräch? Irgend etwas mußte es mir doch wohl auch geben? Und in der Tat bekam ich ***immer*** *etwas. Trost und Verständnis, manchmal auch einfach Entlastung, wenn ich meinen Frust von der Seele reden konnte*

Manchmal bekam ich Fragen mit auf den Weg oder Nachdenkenswertes, oft auch ganz erstaunliche Einsichten, Wissen und Erkenntnis. Oft war ich einfach tief berührt und mir liefen die Tränen die Wangen herunter und mein Körper bebte, vor Freude und/oder vor Schmerz.

Aber immer, wirklich immer, fühlte ich mich zutiefst verstanden und angenommen, geliebt, auch wenn das, was ich erfuhr, viele Male eine recht unangenehme Wahrheit für mich enthielt. Ich war immer richtig, ich wurde nie verurteilt oder getadelt.

Ich *konnte mich mit meinen Rückfällen nicht annehmen, Vorwürfe machte ich mir stets* ***selber*** *.*

Und vielen Menschen, die ich kenne, geht es ebenso.

Aber in diesen Gesprächen fand ich wirklich jedesmal Frieden, einen Frieden, den mir andere Meditationen nie geben konnten. Altmodisch ausgedrückt, würde ich sagen, ich fand Vergebung für meine Schwächen, Fehler und Rückfälle – immer!

Über eine längere Phase war es mir dann einfach egal, ob ich nun tatsächlich mit Gott redete oder alles nur Einbildung war. Fakt war ja, es tat mir gut!

Also warum dauernd nach der Ursache fragen, ich nahm es einfach dankbar an, so wie es war. Irgendwann wandelte es sich – ohne daß ich es bewußt wahrnahm – in einen festen Glauben, den ich um so weniger in Frage stellte, als sich die Gültigkeit seiner Aussagen beständig im Leben bewies. Leider merkte (und merke) ich die Gültigkeit meistens an Fehlern und Rückfällen meinerseits. Das ist wohl der Weg der Menschen.

Was mich aber am meisten beeindruckt und auch überzeugt hat von Gott, das war die Tatsache, daß er nur in ganz seltenen Fällen fertige Rezepte gab. Meistens lenkte er das Gespräch so, stellte Fragen oder ‚schaute mich einfach nur an', daß ich die Antwort auf meine Fragen selber fand. Er machte das einfach genial, und niemals war sein Vorgehen berechenbar.

Ich weiß, wovon ich rede: Ich arbeite selbst therapeutisch und weiß um viele Gesprächs- und Interventionstechniken, aber Gott ließ mich immer wieder staunen und tut es noch.

In ihn lasse ich mich mittlerweile voll Vertrauen fallen, und, wie schlimm es auch immer aussehen mag, immer wird alles gut, immer gehe ich getröstet und mit Erkenntnisgewinn aus so einem Gespräch. Nie überfordert er mich, auch wenn ich manchmal hart an meine Grenzen komme. Nie läßt er mich fallen, wie ich es bei Menschen und selbst bei Therapeuten leider oft erlebt habe. Darum ist Gott für mich der geniale Therapeut!

Einen wissenschaftlichen Beweis, ob dies wirklich Gottes Stimme ist, habe ich nach wie vor immer noch nicht und werde ihn vermutlich auch nie bekommen.

Aber ich habe auch keinen einzigen Gegenbeweis!

Für mich ist das im Moment Beweis genug.

Aber das muß jeder für sich selbst entscheiden.

Es ist vielleicht ungewöhnlich, Gott so zu sehen, aber ich bin überzeugt davon, daß jeder Gott so findet, wie er ihn braucht. Für mich ist er unkompliziert, direkt und sehr humorvoll – wir lachen viel – wenn auch meinerseits manchmal unter Tränen.

Soviel zu meinem Verhältnis zu Gott. Ich glaube, es war wichtig, das etwas eingehender zu beschreiben, denn mein Verhältnis zu Gott ist wohl auch gleichzeitig die Basis für dieses Buch.

Dennoch muß ich auch erwähnen, daß die Beziehung ständig, und so auch gerade jetzt bei dieser seltsamen Zusammenarbeit, im Wandel begriffen ist.

Wie kam es nun zu diesem Buch, das ja gerade erst im Entstehen ist?

Nun, für mich völlig unerwartet. Ich mache zur Zeit Urlaub in Schottland. Ich sehe mir die gängigen Touristenattraktionen an, suche aber auch immer abgelegene Plätze. Und ich habe diesmal sehr viel Zeit, eigentlich zu viel Zeit.

Ein Ziel dieser Reise war es, Findhorn kennenzulernen, ein spirituelles Zentrum und eine ganz besondere Art von Lebens- und Arbeitsgemeinschaft. Ich hatte darüber gelesen und war neugierig geworden.

Wie es meine Art ist, bin ich hier skeptisch, aber auch offen angekommen. Ich wollte mich halt ‚umsehen' und mir selber ein Bild machen.

Ich kam zudem emotional ziemlich aufgewühlt und innerlich zerrissen hier an nach einem schlimmen Streit mit meiner engsten Freundin. Ich fühlte mich sehr einsam, isoliert von Menschen, scheu, ängstlich, zurückgezogen. Kein Kontakt zu Gott und auch keiner zu mir selber – was ja eins ist.

Ich bummelte einfach ziellos über das Gelände, setzte mich jeweils für eine Weile in die Meditationsräume, genoß es aber, nicht zu denken, nicht zu reden oder etwas tun zu müssen.

Kurz und gut, vier Tage war ich hier, genoß herrliches Wetter und den Frieden und die Freundlichkeit des Ortes und der Menschen hier. Ich konnte einfach dabei sein – wenn ich wollte. Und ich fand endlich Ruhe und Frieden in mir wieder.

Wie selbstverständlich war dann auch der Kontakt zu Gott wieder da. Er half mir, die Dinge zu sortieren, das gerade Vergangene im rechten Licht zu sehen, anzunehmen und loszulassen.

Das alles war keineswegs dramatisch, es geschah völlig mühelos, löste sich ganz sanft.

Eines Nachts lag ich wach, etwas hatte sich in mir geöffnet, und Gott redete und redete wie noch niemals zuvor.

Seine Worte waren diesmal nicht für mich persönlich bestimmt, das verwirrte mich. Sie waren allgemeingültiger Natur und rissen die verschiedensten Themenbereiche an. Sie waren einfach, direkt und leicht verständlich – ohne jede Sentimentalität.

Ich bedauerte, seine Ausführungen nicht festhalten zu können, nichts davon ist mir in Erinnerung geblieben. Am liebsten hätte ich alles aufgeschrieben, aber es schwappte nur wie eine Riesenwelle über mich hinweg.

„Ja", sagte er in meine Gedanken hinein, „du sollst all das aufschreiben, hier in Findhorn. Nicht jetzt, aber bald, noch in diesem Urlaub. Und es soll hier veröffentlicht werden."

„Aber gibt es nicht schon genug solche Bücher, der Markt ist doch wahrlich überschwemmt davon?" fragte ich, mehr als skeptisch um die Sinnhaftigkeit eines weiteren Buches auf dieser ‚Esowelle'. Schließlich wollte ich mir die Arbeit ja auch nicht umsonst machen.

„Es stimmt, es gibt viele Bücher, die ich (wenn du so willst) geschrieben habe, aber jeder Mensch braucht eine andere Ansprache. So ein Buch, wie du es schreiben sollst, gibt es in dieser Art noch nicht. Ein anderer Stil, eine andere Sprache, für Menschen – wie dich – ,denen genau diese Art entgegenkommt, direkt, ohne Heiligkeit, humorvoll und persönlich im Kontakt."

„Ja, aber...?" Mir wurde das Ganze irgendwie unheimlich, „ich bin doch nun wirklich nicht sonderlich erleuchtet.

Ich mache so schrecklich viele Fehler. Die Rückfälle sind häufiger als die Erfolge, so will es mir scheinen. Ich begreife ja eine ganze Menge, kann aber so jämmerlich wenig davon auch im Leben umsetzen. Warum also gerade ich?"

„Mach dir keine Sorgen, du bist genau die Richtige. Du brauchst gar nichts zu tun, schreibe nur einfach auf, was ich dir eingebe. ***Das*** *ist die Fähigkeit, die ich brauche, und die hast du – du glaubst, was ich sage, du läßt mich durch, ohne Zweifel und Unterbrechung. Mehr brauchen wir nicht."*

(Von wegen zurücklehnen und einfach schreiben. Hand und Rücken tun mir jetzt schon weh, und die meiste Zeit habe ***ich*** *geschrieben.)*

Vielleicht kann der Leser sich vorstellen, was diese Eröffnung in mir auslöste: Verwirrung, Angst, Selbstzweifel und wieder das alte Gefühl, langsam, aber sicher durchzudrehen.

Ich verließ danach Findhorn, sollte es auch verlassen. Zehn Tage habe ich mich auf Orkney durchpusten und diese irre Idee einsinken lassen. Diese ganze Geschichte erschien mir immer unwirklicher und spleeniger. Und doch wuchs auch gleichzeitig die Sehnsucht in mir, nach Findhorn zurückzukehren. Und dann war auch eines Tages ein klares Gefühl da: Ja, ich wollte schreiben! Und ich begann mich darauf zu freuen!

Ein Gefühl, als hätte ich immer darauf gewartet, als liefe mein ganzes Leben geradewegs darauf hinaus.

Beides wuchs, die Sehnsucht und auch die Angst vor Enttäuschung und meiner möglichen Unfähigkeit.

Und so ist es jetzt immer noch. Beides steht nebeneinander, ich lasse es einfach stehen, während ich schreibe.

Und zu diesem Zeitpunkt weiß ich genausowenig wie du oder wie Sie, lieber Leser, auf was das Ganze hinausläuft, was noch kommen mag.

Ich gebe zu, das macht mich sehr kribbelig.

Ich habe lieber einen Plan und ein Ziel, das wäre ***meine*** *Art zu schreiben, mit Kapiteln, die logisch aufeinander aufgebaut sind. Aber Fakt ist, daß ich nicht die geringste Vorstellung habe, was Gott schreiben will.*

Heute morgen wußte ich noch nicht einmal, daß Gott mich auch zu Wort kommen lassen wollte.

Damit hatte ich nicht gerechnet, und es hat mich auch ein bißchen überfahren. Ich dachte, es würde ausschließlich er schreiben .

Also lassen wir uns überraschen!

Nun, ich hoffe, du ahnst jetzt, warum gerade Petra für mich schreibt.

Sie ist nicht besser oder schlechter als du, nicht weiser oder reifer, nicht, daß sie etwas könnte, was du nicht kannst. Auch du kannst mich direkt hören und fühlen – immer und überall – jeder kann das! Aber die Wenigsten wissen das oder glauben es auch. Viele geben sich mit weniger zufrieden.

Ja, auch du!

Genau darum wird dieses Buch geschrieben.

Außerdem bleibt Petra offen und sie **glaubt** – ein Glaube, der nicht vorgefertigten Meinungen folgt, sondern aus Erfahrung entstanden ist, und der so sehr starke Wurzeln entwickeln konnte.

Ein Glaube, der kritisch und beweglich bleibt, und das ist wirklich kein Widerspruch, wie wir noch sehen werden.

Hab' keine Angst, man braucht mich weder zu fürchten noch mir nach dem Mund zu reden. Ich mag Zweifler und Rebellen, sie haben den leichteren Weg als die Angepaßten – und ich wünsche dir den leichten Weg!

Petra hat die Sache mit den anderen Büchern bereits angesprochen. Es ist in der Tat kein Widerspruch, auch wenn es oftmals einer zu sein scheint und einige Bücher scheinbar konträre Ansichten darlegen.

Tatsächlich ist jedes Buch – und ich meine jedes – mehr oder weniger durch mich geschrieben, je nachdem, in wie gutem Kontakt der Schreiber oder die Schreiberin mit mir und mit sich selber stand, wie sehr er oder sie mich also ‚durchließ'.

Wenn in einem Liebesroman am Ende die Liebe siegt, so mag das einigen platt erscheinen, aber auch dort scheint die Wahrheit durch.

Vieles ist gut gemeint geschrieben, aber völlig verdreht.

In den letzten Jahren gibt es jedoch immer mehr Menschen, die im bewußten Kontakt mit mir schreiben, mich stark oder ganz durchlassen.

Da gibt es wissenschaftliche, poetische oder auch alltagspraktische Werke.

Es wird immer für jeden das Richtige dabei sein.

Optimal wäre es, wenn jeder sein eigenes Buch schreiben würde – als Idee –, denn geschrieben werden bräuchte es dann nicht mehr. Das würde ja nichts anderes bedeuten, als daß jeder in direktem Kontakt mit mir stehen kann.

In dieser Zeit würdet ihr dann keine Bücher mehr brauchen, denn alles Wissen ist dann in euch selbst zugänglich.

So wird es sein! So wird es **wieder** sein!

Du fragst dich vielleicht, wie es sein mag, direkt mit mir zu reden? –

Einfach, ganz einfach! Genauso einfach, als wenn du mit deinem Nachbarn redest.

Es gibt dabei nichts Geheimnisvolles, keine speziellen Rituale oder Formeln. Keine Tricks! Nicht einmal eine besondere Haltung, Tageszeit oder einen bestimmten Ort.

Bitte, mache es dir wirklich ganz klar:

Vielleicht brauchst **du** eine spezielle Haltung oder einen ganz bestimmten Raum, mag sein, auch ein bestimmtes Ritual (Kerzen etc.), um dich zu sammeln und zur Ruhe zu kommen, um vom Außen abzuschalten und dich auf die inneren Sinne zu konzentrieren – **ich** brauche es nicht.

So tue, was immer **dir** gut tut und was dir hilft, oder finde es durch Experimentieren heraus, aber wisse, daß es tatsächlich keine besondere Form **braucht**, um mit mir zu sprechen. Auch das Gerede von Energiebahnen, die offen oder geschlossen sein müssen, sich nicht überkreuzen dürfen und vieles mehr kannst du getrost vergessen – **wenn** du willst oder es dir unbequem ist (der Nachsatz ist wichtig!).

Du kannst mir glauben, meine Energie ist um so vieles feiner als alle die Energiebahnen in und um deinen Körper, daß ich dich immer, in welcher Position auch immer, erreiche

– wenn du nur im Geiste offen für mich bist.

Also mach es dir in deiner Lieblingsecke bequem, geh spazieren, male, musiziere oder geh in die Badewanne.

Ruhe ist (anfangs) gut, aber auch nicht notwendig. Wenn du es gelernt hast, deine inneren Sinne zu schärfen, dann kannst du mich auch in einer Disco, mitten in einem Streit und sonstwo hören.

Wenn ich gesagt habe, es ist einfach und ganz selbstverständlich, mit mir zu reden, dann ist das wahr, aber ich weiß auch, daß dir das zu Beginn gar nicht leicht und mühelos erscheint. Das liegt daran, daß ihr die Entwicklung eurer inneren Sinne vernachlässigt habt oder in der Regel gar nicht erst eine Chance zu dieser Art Entwicklung bekommen habt. Das ist jedoch keine

Ausrede dafür, damit nicht **jetzt** zu beginnen, denn nur mit diesen inneren Sinnen kannst du mich wahrnehmen.

Du wirst vielleicht entgegnen, daß du sogar viele Stimmen in dir hören kannst, nur, daß du sie nicht auseinanderhalten kannst. So ging es ja auch Petra.

Für die meisten ist meine Stimme zu Beginn nur ganz, ganz leise, und in der Regel komme ich auch nur für Sekunden durch. Das macht gar nichts, du lernst, und für den Anfang reicht das völlig aus. Du wirst irgendwie **wissen**, daß da gerade etwas ‚anders' war – eine Stimme, ein Gedanke, ein Bild, ein Gefühl, das völlig neu und nicht ‚deins' war.

Du wirst es wissen!

Und wenn du zweifelst und es in Frage stellst, dann ist das auch o.k. . Du hast an Petras Beispiel gesehen, daß es auch so funktioniert.

Langsam werden deine inneren Sinne nachreifen und sich so entwickeln, daß du mit mir dann auch ganz selbstverständlich und klar reden kannst, eben wie mit deinem Nachbarn, wann immer du willst und wo immer du willst.

Es ist nicht schwer, es braucht halt nur Übung.

Das ist **ein** Weg. Später wirst du sehen, daß es sogar noch einfacher und schneller gehen kann.

Etwas muß ich noch geradestellen: Petra nimmt mich überwiegend als Stimme oder als Gedanken wahr. Das muß für dich nicht so sein. Vielleicht siehst du mich, spürst mich in deinem Körper oder nimmst mich mit

Sinnen wahr, für die ihr einfach keine Worte habt, die aber dennoch existieren. Es gibt viele Möglichkeiten. Finde heraus, wie es für dich ist.

Wir bleiben der Einfachheit halber bei den Begriffen ‚Gespräch', ‚reden', ‚Stimme'. Dir ist dann klar, daß das synonym für alle inneren Sinne steht.

Jeder, ausnahmslos jeder, kann mit mir reden, da gibt es keine Vorbedingungen, kein spezielles Wissen, keine besonderen Fähigkeiten und auch keine Prüfungen.

Wie sollte es auch anders sein?

Wäre es gerecht, wenn nur die Reichen oder Klugen, die Fleißigen oder Geduldigen die Chance zur Entwicklung hätten?

Jeder hat die gleiche Chance! –

Unabhängig von Alter, Geschlecht, Rasse, Religion, sozialem Status, Bildung, Vermögen oder körperlicher Befindlichkeit hat jeder die Möglichkeit – und sie ist für jeden jederzeit und überall erreichbar, sozusagen immer genau vor seiner Nase.

Ein mongoloides Kind wird es anders machen als du, es hat andere Möglichkeiten als du, aber mache nicht den Fehler zu glauben, du seiest reifer und weiser, ‚weiter' als dieses Kind, nur weil du dieses Buch lesen und verstehen kannst.

„Warum gerade Findhorn, wenn doch jeder Ort genau so gut wäre?" ist vielleicht eine weitere Frage, die bei dir aufgetaucht ist. Eine berechtigte Frage.

Hier treffen sich Menschen mit einer bestimmten Einstellung. Wenn sie hierherkommen, dann wollen sie tiefer nach innen blicken, als sie es sonst normalerweise tun. Sie kommen in der Regel offen, neugierig und empfänglich. Die Informationen, die sie über Findhorn haben, läßt sie die Bereitschaft haben, freundlich, vertrauensvoll und kontaktbereit zu sein, selbst wenn sie es sonst nicht so leicht sind.

Und noch etwas kommt dazu, was man nicht unterschätzen sollte: In der Regel sind die alten Strukturen, in denen sich die Menschen sonst gefangen fühlen, hier in Findhorn weit weg. Die meisten machen hier mehr oder weniger langen Urlaub, und das ganze Beziehungsgeflecht aus Kollegen, Familie, Freunden, Nachbarschaft, manchmal auch dem Partner und den Kindern, ist weit weg, und die Menschen können wieder mehr sich selber sehen.

In gewisser Weise sind sie frei, jedenfalls viel freier, als sie es sonst sind.

Daß die meisten so fühlen, verstärkt dieses Gefühl noch und baut eine Energie auf, die ständig wächst.

Macht nicht mehr daraus!

Die Landschaft, die frische Luft, die sanft der Natur angepaßte Anlage tut ein Übriges, das Beste in euch zu wecken und zu stärken.

Zwar hat dieser Ort auch von sich aus eine besondere Kraft, aber das haben viele andere Orte auch.

Die Kraft, der Friede, die Ruhe und die Liebe, die die Menschen hier erfahren, ist **hauptsächlich** das Produkt der Menschen, die hier leben und derjenigen, die Findhorn besuchen.

Hier fällt es aus den genannten Gründen leichter, wieder die innere Stimme zu hören, wieder Kontakt zu sich, zu Menschen, zur Natur und zu mir zu bekommen.

Da jeder Einzelne davon etwas in die Welt hinausträgt, ist es in der Tat zu einem wichtigen Zentrum geworden, und jeder Einzelne arbeitet daran – auch wenn es ihm nicht bewußt wird – Frieden, Liebe und Achtsamkeit in der Welt zu verbreiten.

Mittlerweile gibt es immer mehr Zentren dieser Art.

Daß dies Buch nun gerade hier geschrieben wird, liegt einfach daran, daß Petra nun mal gerade hier ist, sich hier wohl fühlt und daß sie hier optimale Rahmenbedingungen zum Schreiben findet.

Wie gesagt, es hätte auch jeder andere Ort sein können.

Nun, ich sagte, daß alles im Grunde ganz einfach ist.

Sei mal ganz ehrlich mit dir selber, ist es dir bisher ‚zu einfach'? Hast du dieses Buch zur Hand genommen, weil du ganz neue Weisheiten, Einsichten oder Offenbarungen erwartet hast? Tricks und einfache Kniffe für das Leben?

Es gibt sie nicht!

Es gibt keine **neuen** Wahrheiten!

Die Wahrheit ist bereits da, und sie ist immer dagewesen!

Sie ist **einfach**, und sie muß einfach sein!

Du übersiehst nur leider das Einfache und suchst im Komplizierten.

Die Wahrheit ist einfach, wie könnte es anders sein, denn mein Wunsch ist es, daß ihr glücklich und zufrieden seid.

Warum sollte ich es euch schwer machen? Sag mir, warum? Das würde doch keinen Sinn machen, oder ?

Unterschätze die Kraft und die Macht dieser Wahrheit nicht!

Welche Macht hältst du in Händen, wenn du wahrhaft begriffen hast, daß du dich nicht quälen, daß du nicht leiden mußt, dir Glück nicht hart erarbeiten sollst – daß du nichts anderes zu tun brauchst, als dich zurückzulehnen und alles geschehen zu lassen.

Du darfst die Geschenke des Lebens annehmen, ohne dich verpflichtet oder in irgendeiner ‚Schuld' zu fühlen.

Ich will nicht, daß du leidest!

Ich wünsche mir, daß du genießt, daß du schwelgst und es dir rundherum gut geht.

Kannst du das glauben?

Ich höre dich fragen, warum es dann über alle Zeiten hinweg Klöster und Einweihungszentren mit lebenslangen Schulungen und Exerzitien gegeben hat?

Waren denn diese Leute dumm, daß sie die einfachen Wahrheiten nicht begreifen konnten?

Nein, das waren sie nicht – ganz im Gegenteil. Zum einen waren es andere Zeiten, die nicht einfach so übertragbar sind auf eure jetzige Zeit, aber das ist nicht das Wesentliche.

Gerade weil diese eine Wahrheit so machtvoll und befreiend ist, haben die **Menschen** sie kompliziert gemacht. Verpackt, verpackt und noch einmal verpackt. Die Gründe sind tief menschlich – sie wollten die Macht nicht teilen.

Stelle dir einen Medizinmann vor. Er ist freigestellt von jeder Arbeit, ist hochgeachtet neben oder sogar über dem Häuptling, respektiert und gefürchtet von allen. Keiner wagt es, ihm Vorschriften zu machen, ihm zu befehlen oder etwas von ihm zu fordern. Ganz selbstverständlich wird er vom Stamm versorgt mit allem, was er braucht. Er ist absolut frei und unabhängig.

Er **hat** es begriffen (wenn auch nicht ganz vollständig).

Er macht die einfache Wahrheit so kompliziert, wie er kann. Er versteckt sie hinter langen Ritualen, Worten, die keiner außer ihm versteht, hinter Masken, die Angst machen und jede Annäherung verhindern.

Stelle dir weiter vor, er würde sein Wissen

- sein ‚echtes' Wissen, nicht das der Worte und Rituale – mit den anderen teilen, ihnen erzählen, wie einfach alles ist, daß sie **ihn** im Grunde gar nicht brauchen, daß sie alles aus sich selbst heraus können, weil sie alles Wissen selber in sich tragen.

Was würde wohl geschehen? – Richtig! Das ist auch wirklich nicht sehr schwer zu erraten.

Er wäre seine Sonderposition los.

Er wäre seine Macht los.

Er wäre nichts Besonderes mehr, halt einer wie jeder andere.

Also behielt er die Wahrheit für sich und machte sie unauffindbar für alle anderen.

So entstand die Magie und so entstanden die Mysterien! So entstanden komplizierte Systeme für eine einfache Wahrheit!

Anfangs hat der Medizinmann, von dem ich rede, seinem Nachfolger noch die ganze Wahrheit weitergegeben, die echte **und** das Erlernen der Worte, Gesänge, Rituale.

Aber das Wissen um die echte Wahrheit, die einfache Wahrheit, ging im Laufe der Zeit immer mehr verloren.

Was blieb, waren irre lange, komplizierte und verschlüsselte Texte und Anweisungen, die man ein Leben lang studieren mußte, um unter diesem Wust von Büchern, Exerzitien und immensem Wissen, die einfache Wahrheit zu entdecken.

Wer sie erkannt hatte, war sofort frei – im wahrsten Sinne des Wortes – frei von dem ganzen Ballast.

Von dem Glauben, etwas Besonderes tun, lernen, erdulden oder können zu müssen.

Frei, einfach zu leben, wie du bist, zu tun, was du tun möchtest, nichts anderes.

Ich spüre deine Skepsis und kenne sie nur zu gut. Ich kenne den Widerstand der Menschen gegen das Einfache.

Die meisten Menschen glauben – wollen glauben – , nur das Komplizierte, Teure, hart Errungene könnte von Wert sein. Nun, es steht euch Menschen frei, diesen Weg zu gehen, wenn ihr es so wollt.

Jeder Weg führt letztlich zur Wahrheit – jeder, auch dieser. Aber so ist er sehr viel länger und natürlich auch komplizierter, teurer und erheblich anstrengender.

Glaube mir, das muß nicht so sein!

Wenn du willst, läßt du alle Studien ruhen, quälst dich nicht länger mit komplizierten Körper- und Geistesübungen und beginnst einfach nur zu leben und zu genießen.

Glaub mir, so geht es auch – genausogut oder besser! Wohlgemerkt, dies ist nicht als neue Vorschrift zu verstehen, und es bedeutet auch nicht, daß du auf der Stelle alle Übungen und Meditationen fallen läßt.

Tu, was immer dir Spaß macht und gut tut.

Ich empfehle dir lediglich, **das** loszulassen, bei dem du dich abmühst, was dir nicht gut tut, wozu du dich überwinden mußt und was dir keinen Spaß macht.

Höre auf mit allem, was dir mehr Kraft nimmt als es dir gibt.

Du mußt durch nichts ‚durch'!
Du mußt nicht kämpfen!

Du hast die Freiheit zu wählen, welchen Weg du gehen willst!

Ziemlich sicher ist es neu und überraschend für dich, daß du es dir leicht und angenehm machen darfst. Wahrscheinlich hat man dir zu oft das Gegenteil erzählt und auch vorgelebt.

Wenn Menschen sich sehr mit ihrem Leben abmühen, dann können sie andere meist nicht gut ertragen, für die es leicht und mühelos geht, die den Weg des ‚geringsten Widerstands' gehen.

Sie werden es als mangelnde Stärke abwerten, dir vorwerfen, du seiest faul, unsozial, nicht selbstbewußt oder ehrgeizig genug. Im besten Fall werden sie dich als Träumer verlachen oder dich als (Lebens-)Künstler tolerieren.

Aber der leichte Weg macht den Menschen Angst.

‚Was ich nicht habe, sollst du auch nicht haben!'

Wie gesagt: – Wähle!

Eine Freundin von mir protestierte an dieser Stelle:

„Das klingt einfach zu schön, zu glatt, zu einfach und angesichts der Nachrichten, die wir jeden Tag sehen, auch fast schon zynisch. Was ist mit den Menschen in der dritten Welt, in den Kriegs- und Hungergebieten, mit politischen Gefangenen und all den Menschen, die täglich am Existenzminimum leben?

Haben die eine Wahl?

Die können das nicht einfach loslassen und tun, was ihnen Spaß macht und ihnen gut tut.

Das ist doch nur eine Theorie für satte, freie Menschen."

Sie war richtig wütend.

Darauf will ich natürlich eingehen.

Ich glaube gerne, daß es euch schwerfällt, zu glauben, daß auch diese Menschen eine Wahl haben.

Ich verstehe, daß es für euch sehr zynisch klingt, denn die ‚Wahlmöglichkeiten' einiger Menschen sind in der Tat sehr eingeschränkt, und so etwas wie Glück, Gesundheit und Wohlbefinden scheinen für sie noch unmöglicher erreichbar als für dich.

Doch wie eng der Rahmen eines Lebens auch sein oder erscheinen mag, jedem Menschen bleiben in jeder Situation Wahlmöglichkeiten:

- Er kann seine Sichtweise, die Erkenntnis und die Einstellung, die daraus erwächst, selber wählen.
- Er kann entscheiden, ob er aufgeben, kämpfen oder nach neuen Wegen suchen will.

- Er kann lernen oder flüchten.
- Er kann es mit anderen teilen oder alleine tragen.
- Er kann seine eigene Position und Person überdenken oder über die ‚anderen', das Leben, das Schicksal oder Gott schimpfen.
- Er kann reden oder schweigen und auch seine Worte wählen, laut oder leise, kurz oder lang, offen oder versteckt in Geschichten.
- Er kann verzweifeln oder nach Dingen Ausschau halten, die ihn aufbauen und ihm Mut machen könnten.
- Er kann sein Leben beenden oder weiterleben.

Und all das kann er so wählen, daß es ihm in seiner Situation z.B. Entlastung, Selbstwert oder ein gemeinschaftliches Gefühl gibt, also gute Gefühle auch in einer ‚unguten' Situation.

Was er tatsächlich tun kann, das mag wirklich wenig sein, in unseren Augen aussichtslos, aber in seinem Inneren gibt es **immer** verschiedene Möglichkeiten und die Wahl, wie eine Situation erlebt wird und wie man damit umgehen will.

Vielleicht erscheint es dir aus deiner jetzigen Situation heraus unvorstellbar, aber es hat Menschen gegeben, die ihr Leben im Kerker verbracht und es sogar in dieser aussichtslosen Lebenslage geschafft haben, inneren Frieden und auch innere Freiheit zu finden.

Es hat Menschen gegeben, die vor Hunger und dennoch glücklich und zufrieden gestorben sind.

Also urteile nicht nach dem Schein, nach dem Äußeren. Der Weg zum Glück – und das ist immer ein Glück, das innen erlebt wird und nicht unbedingt durch äußere Umstände erkennbar ist – dieser Weg steht jedem Menschen offen.

Was ist mit den vielen spirituellen Büchern, mit ihren komplizierten Fakten und Zusammenhängen?

Ich sollte wohl noch dazu etwas sagen.

Sie sind weder falsch noch überflüssig.

Sie erklären,warum Dinge existieren, wie sie miteinander in Abhängigkeiten stehen, welche verschiedenen Energie- und Erscheinungsformen es gibt, wie sie zusammenwirken und natürlich vieles mehr.

Sie sind geschrieben für Menschen, die den Dingen auf den Grund gehen und alles verstehen wollen, oder für Menschen, in deren Verantwortung es steht, viel zu bewegen.

Es kommt auf das **Ziel** an! Und wenn es dein Ziel ist, einfach nur glücklich und zufrieden zu leben (und das ist letztlich das Ziel aller Menschen), dann brauchst du all dieses Wissen nicht.

Bei manchen Menschen bewirkt es sogar das Gegenteil. Sie saugen Wissen auf, auch gerade spirituelles Wissen, und spüren sich selber immer weniger.

Sie werden dabei alles andere als ‚glücklicher'.

Sie werden immer verwirrter, unsicherer, frustrierter und setzen sich immer mehr unter Druck.

Der Geist studiert und der Körper ‚schreit' dann, vielleicht auch die Seele.

Du kennst das, nicht wahr?

Wenn dein Körper schreit oder irgendein anderer Teil deiner Existenz, also auch, wenn du müde bist, wütend oder traurig, wenn du dich nach etwas sehnst oder dir etwas einfach zu viel wird – dann kümmere dich **darum** . Studieren und Wissen hilft dir dann kein bißchen.

Nur eines ist wichtig und nur eines kann dir dann wirklich helfen, nämlich, daß du diesem Teil deiner Existenz genau das gibst, was er fordert

– **unbedingt und möglichst rasch!**

Mach dir keine Sorgen, jeder Teil deines Selbst weiß ganz genau, was er braucht, und fordert es lauthals und deutlich ein:

Wenn du traurig bist, dann weine und suche die tröstenden Arme eines anderen Menschen, wenn dir danach ist.

Wenn du müde bist und du dich nur noch fallen lassen möchtest, dann mach genau das.

Wenn du wütend bist und du der anderen Person deine Meinung sagen möchtest, dann leg los.

Vergiß den Schmu mit: ‚Ein reifer Mensch ist immer sanft und liebevoll.'

Ein reifer Mensch ist vor allem authentisch und kennt seine Grenzen. Er nimmt seine Gefühle sehr ernst und gibt ihnen Raum – angemessen, versteht sich. Dazu sage ich später noch etwas.

Nur wenn du tust, was **dein Körper** – und nicht irgendein Buch dir rät, wirst du langsam, aber ganz sicher gesunden. Das leuchtet doch ein, oder?

Du **mußt** nicht verstehen, warum das so ist.

Du **kannst** es hinterher studieren und analysieren, wenn es dich dann interessiert. Aber in der Situation des Schmerzes wird dir das Wissen um die Gründe kein Stück helfen. Dann geht es nur darum, so schnell wie möglich zu handeln.

Überprüfe, ob das, was ich behaupte, auch auf dich zutrifft.

Ich sehe, du weißt, was ich meine, aber ich sehe auch, daß du damit so deine Schwierigkeiten hast.

Es wird dich kaum trösten zu hören, daß es eigentlich den meisten Menschen so geht.

Darum sind so viele Menschen krank!

Es tut mir weh, das zu sehen, denn es wäre absolut nicht notwendig, wenn du nur deinem Körper, deinen Gefühlen und deiner Intuition glauben und vertrauen würdest.

Ich höre dich empört entgegnen, daß das in der heutigen Zeit eben nicht so geht, wie man das manchmal gerne möchte und bräuchte. Du könntest es dir nicht erlauben, weil du dann zum Beispiel um deinen Arbeitsplatz fürchten mußt oder auch um dein Ansehen bei anderen. Und so ignorierst du den Schmerz, beißt die Zähne zusammen und machst weiter, als sei alles in Ordnung.

Wie gesagt, dein Körper – und nicht nur er – weiß, was er braucht, und so wird er beginnen, lauter zu schreien.

Und was machst du? – Du betäubst ihn mit Drogen, damit er nicht mehr schreien kann (z.B. mit Schmerztabletten).

Verzeih mir, sicher gehörst du schon zu denen, die das nur noch im ‚Notfall' tun, und suchst alternative Heilungsmethoden, sanftere.

Vielleicht nimmst du etwas Pflanzliches, Homöopathisches, trinkst Tee, läßt dich massieren, machst ganz bestimmte Körperübungen, oder du versuchst zu verstehen, was diese Krankheit symbolisiert.

Wenn das in Übereinstimmung mit dem ist, was du auch wirklich brauchst, wird es dir helfen. Sonst wird es rein gar nichts bewirken, aber wenigstens auch nicht wesentlich schaden.

Nein, auf Dauer kannst du es dir nicht erlauben, **nicht** auf deinen Körper, deine Emotionen oder deine Seele zu hören. Sie fordern ein, was sie brauchen – immer!!!

Du siehst, auch hier ist es ganz einfach, du brauchst im Grunde nicht einmal einen medizinischen Ratgeber. Wenn du dich selber bedingungslos ernst nimmst, deinem Organismus glaubst und vertraust und ihm gibst, was immer er jeweils braucht, dann wirst du nicht krank werden bzw. rasch gesunden.

Wenn dein Körper ‚schreit', dann ist das immer ein sicheres Zeichen dafür, daß du dich selber wieder übergangen hast und etwas anderes oder jemand anderen wichtiger genommen hast als dich selber.

Es ist überhaupt nicht schlimm, wenn das passiert, denn daraus kannst du nur lernen.

Dein körperliches, seelisches und emotionales Wohlbefinden ist ein ganz sicherer Wegweiser dafür, ob du Fortschritte oder Rückschritte machst.

Auch Rückschritte sind keinesfalls tragisch, wenn du sie als Wegweiser betrachten kannst.

Darüber hinaus wird dir auch noch zweifelsfrei gesagt, **was** du tun kannst, damit es dir wieder besser geht.

Ohne Versteckspiel, ohne Symbolik, in keiner Weise verklausuliert, sondern immer ganz direkt:

Wenn du müde bist – schlafe!

Wenn du dich nur noch fallen lassen möchtest – falle! Wenn du platzen könntest – platze!

Wenn du vor Schmerzen schreien könntest – dann schrei.

Wenn dein Rücken dich nicht mehr trägt – leg dich hin! Und so weiter und so weiter.

Irgendwann brauchst du dann kein Lexikon und auch keinen Arzt mehr.

Das klingt unglaublich, nicht wahr? ‚Zu schön, um wahr zu sein'? Aber genau so ist es! Du mußt wirklich nichts anderes tun als zuhören, glauben, vertrauen und handeln. Für den Anfang mag es angeraten sein, die Hilfe eines Arztes anzunehmen. Schön wäre es, wenn er dir dabei **helfen** würde, die Signale, die dein Körper dir gibt, richtig zu verstehen.

Merkst du was? Hier geht es wieder mal ums Hinhören! Freilich, das mußt du trainieren: auf den Körper hören, deine Emotionen betrachten, deine Seele spüren.

Ich weiß, ich berühre damit ein sehr heißes Eisen.

Es erfordert in deiner Zeit sehr viel Mut, bereits bei den ersten Anzeichen von z.B. Kopfschmerzen, den Arbeitsplatz zu verlassen und dir vielleicht frische Luft zu suchen, die dein Kopf einfordert.

Experimentiere damit, soweit es dir möglich erscheint.

Ich denke, du wirst die Erfahrung machen, daß mehr geht als du dachtest.

Aber sei sanft und geduldig mit dir selber. Gehe immer nur so weit, wie du denkst, es verkraften und aushalten zu können. Denn wenn du z.B. Angst vor dem Verlust deines Arbeitsplatzes hast, dann ist ja auch diese Angst ernst zu nehmen.

Jetzt scheint es schwierig und kompliziert zu werden, nicht wahr? ‚Was jetzt, die Kopfschmerzen oder die Angst ernst nehmen?'

Nehmen wir ein Beispiel: Dein Partner/deine Partnerin hat dich verletzt. Du bist wütend und möchtest dir das eigentlich nicht gefallen lassen. Deine Emotionen und dein Körper sagen dir zweifelsfrei, daß du ihn/sie anschreien möchtest, deinen Ärger, deine Wut darüber loswerden möchtest – so richtig mit Schmackes!

Soweit wäre alles klar und ganz eindeutig, gäbe es da nicht auch noch eine andere Stimme, nämlich die der Angst. Die Angst, den anderen zu verschrecken oder vielleicht sogar zu verlieren. Dieser Anteil fordert Vorsicht von dir, wahrscheinlich sogar den Rückzug, ‚sei still', ‚gib nach'.

Und schon ist der Konflikt perfekt. ‚Was soll ich denn jetzt tun? Schrei ich oder halte ich die Klappe?'

Oh, wie gut du solche Situationen kennst, vielleicht nicht exakt diese, aber viele ähnliche!

Da fordern verschiedene Teile deines Selbst Dinge, die sich gegenseitig ausschließen. Wenn du schreist, ignorierst du die Angst, und wenn du schweigst, ignorierst du die Wut.

Die meisten Menschen werden in so einer Situation übrigens schweigen und die Wut unterdrücken, denn ihr lebt in einer Zeit der scheinbaren Höflichkeit und in einer Zeit, in der Angst im Zweifelsfall die stärkere Emotion ist.

Das verstehst du nicht?

Scheinbar lebt ihr sicherer als jemals zuvor. Die Angst betrifft auch in der Tat nicht mehr so sehr euer äußeres Leben. Sie ist sehr subtil geworden, aber stark.

Angst vor Ablehnung, Ausgrenzung und Isolation.

Es gab Zeiten, da war es genau anders herum, aber das nur nebenbei.

Beides ist also nicht richtig.

Also besser gar nichts tun? – Das wird oft nicht möglich sein und würde eh nur **alle** Teile ignorieren.

Dennoch wählen viele Menschen gerade diese Variante, wenn sie nur können.

Kannst du sehen, daß es im Grunde ein ‚Totstellen' ist? Sie machen sich gefühllos und unlebendig, um diese so bedrückende Situation nicht spüren und aushalten zu müssen.

Genaugenommen ist es die schlechteste Variante.

Sie ist am ‚ungesündesten' – für Körper, Geist und Seele.

Was also kann man tun?

Ja, dies ist eine wirklich wichtige und sogar zentrale Frage, und die Antwort wird dich sicherlich interessieren. Ahnst du sie nicht schon?

Wenn dieses Buch ein Geheimnis hat, dann ist es die Antwort auf diese Frage, denn daran leidet dein Leben und das aller anderen Menschen am allermeisten.

Jeder Tag besteht aus unzähligen solcher Konfliktsituationen. Manchmal sind sie unbedeutend, ein anderes Mal scheinen sie sehr weitreichende Konsequenzen zu haben. Einige Konflikte spielen sich im Außen ab und andere mehr in dir. Manchmal löst du sie mühelos, doch einige Konflikte schiebst du, vielleicht ohne es zu wissen, bereits Wochen, Monate oder sogar Jahre vor dir her, weil es einfach keine Lösung zu geben scheint.

Und wieder ist es im Grunde ganz einfach. Laß uns ausnahmsweise mal ganz kurz sachlich und theoretisch werden. Es gibt vier Lösungen für dieses grundlegende Problem, das alle Seinsbereiche des Lebens berührt:

1. Du folgst Impuls A – und ignorierst Impuls B.
2. Du folgst Impuls B – und ignorierst Impuls A.
3. Du folgst weder A noch B – und ignorierst A **und** B.

4. Du folgst Impuls A und B – und nimmst beide ernst.

Ja, das ist es! Einfach, nicht wahr?

Nein? Du bist enttäuscht? Sauer? Du sagst, da warst du schon vorher.

‚Genau das geht ja nicht, das schließt sich doch aus.'

Du bist ja richtig empört und ärgerlich.

Nein, ich will dich wirklich nicht auf den Arm nehmen. Laß dir erklären und höre gut zu, denn dies ist wirklich wichtig.

Jetzt werde ich doch noch ein wenig spirituell ‚angehaucht'.

Dies ist genau das, was Mystiker und Weise aller Zeiten einen Quantensprung oder den ‚Stein der Weisen' nannten.

Es hat viele Namen, meint aber immer das Gleiche. Hier liegt der Schlüssel für eine neue Dimension, genau dort, wo die meisten Menschen umkehren und sagen ‚das geht eben nicht'.

– Genau da ist die Tür!

Die Vereinigung von scheinbaren Gegensätzen, von Polaritäten eröffnet dir neue Räume und neue Möglichkeiten. Sie führt dich aus dem Konflikt und bringt dich weiter. Das meine ich keineswegs abgehoben und theoretisch, sondern wieder ganz direkt.

Es geht um das Tun, ganz praktisch, jeden Tag, jeden Augenblick. Das ist praktizierte Spiritualität, und nur die zählt wirklich. Wenn du das begriffen hast und wenn du nach und nach lernst, das in deinem Leben auch anzuwenden, dann kannst du jedes Problem lösen. **Jedes!**

Geh weiter, wo andere stehenbleiben. Mach scheinbar Unmögliches möglich und löse scheinbar unlösbare Probleme.

Ich benutze das Wort ‚scheinbar' nicht ohne Grund. Wenn du das kannst, dann kannst du alles, denn darin steckt lebendiger, schöpferischer Geist.

Wie geht das nun ganz praktisch?

Du wirst staunen und es mir vielleicht im Moment nicht glauben, aber es reicht schon aus, wenn du nur denken und fühlen kannst:

'Ja, ich will beides!
Ich brauche beides!
Ich habe ein Recht auf beides, denn ich habe ein Recht auf größtmögliches Wohlbefinden!
Ich darf beides wollen!
Ich weiß zwar noch nicht, wie das gehen kann, aber es *gibt* eine Lösung und ich werde sie finden!'

Das reicht!!!

Es reicht, wenn du es wirklich willst!

Warte und horche dann auf die Lösung.

Du kannst sie in dir und/oder im Außen entdecken. Du wirst meine Vorschläge vernehmen, wenn du sie hören willst.

Aber ich brauche deine Bereitschaft, deinen Glauben, daß es geht. Das ist es, was **du** zu geben hast, denn ohne deine Offenheit kann ich nicht in dir wirken.

Ich würde gerne so vielen helfen, aber sie hören mich nicht und kehren an der Schwelle 'unmöglich!' um, ohne überhaupt nach einem Weg gesucht zu haben und mir die Möglichkeit zu geben, ihn zu zeigen. So kann ich ihnen nicht helfen.

Ganz sicher nicht deshalb, weil ich sie verlassen hätte.

Aber nun soll Petra mal eine Erfahrung von sich erzählen, um es für dich noch verständlicher zu machen, wie so etwas praktisch aussehen kann.

Na, also hör mal, jetzt überrumpelst du mich aber wirklich. Das ist doch nun wirklich ziemlich persönlich, an was ich da gerade gedacht habe. Ich bin nicht sicher, ob ich das mache.

Nach einer Pause, in der ich das erst mal verdauen mußte, habe ich mich entschlossen, doch mal von mir erzählen.

Zwar könnte ich mich verweigern und seinen letzten Satz einfach streichen (und die Versuchung war zugegebenermaßen auch da), aber meine Erfahrung mit Gott ist, daß man doch gut beraten ist, wenn man seinen Vorschlägen folgt.

So vertraue ich ihm einmal mehr.

Es geht um meine Partnerschaft, die im Laufe der jetzt 24 Jahre mehrere Male kriselte. Nun, so peinlich ist das wohl auch nicht, ich vermute, die meisten wissen wovon ich rede.

Jedenfalls war ich irgendwann an einem Punkt angelangt, an dem ich meinte, es mit ihm nicht mehr aushalten zu können (die Gründe sind für dieses Beispiel nicht erheblich). Kurz und gut, ich wollte weg! Das war ein ganz starker Impuls und ich träumte rosig von Freiheit und Unabhängigkeit. Doch diese Träume konnte ich nie lange genießen. Schnell schoben sich immer wieder dunkle Wolken davor. Ich hatte schlicht und ergreifend Angst, ihn zu verlieren.

Ich schalt mich selber ungerecht, ich konnte doch wohl schlecht ausziehen und gleichzeitig erwarten, daß er mir treu bleiben und auf mich warten würde.

Und doch wollte ich – völlig unvernünftig – genau das.

Ich will es hier kurz machen. Es dauerte Jahre, in denen ich einfach nur blieb, weil ich mich nicht entscheiden konnte.

Phasenweise redete ich mir ein, daß alles halb so schlimm sei, man in einer Partnerschaft halt durch schlechte Zeiten ‚durch' muß und daß es schon besser werden würde. Aber es wurde nicht besser, und dann begannen wieder Phasen, in denen ich am liebsten weggelaufen wäre und innerlich auch weg war.

Es war eine fürchterliche Zeit.

Ich war nicht wirklich da und ich war nicht wirklich weg. Ich hielt nur aus. Und ich hielt nur aus, weil ich mich, wie Gott es nannte, ‚totgestellt' habe.

Die Ärzte nannten es ‚Depression'.

Die Zeit habe ich nicht deshalb als so fürchterlich erlebt, weil mein Partner so schrecklich gewesen wäre, sondern weil ich in diesem Konflikt gefangen war.

Sicher, es gab Gründe für unsere Krise, aber das eigentlich Schlimme war die Unzufriedenheit und Unlebendigkeit, die wir jeweils in unsere Beziehung trugen. **Die** *machte jeden Fehler des Partners zu einer unaushaltbaren Ungeheuerlichkeit. Alles war irgendwie vergiftet. Der Zustand war unhaltbar und hielt doch lange, lange...viel zu lange.*

Ich vermute, viele Leser werden ähnliche Zustände kennen. Nun, irgendwann war ich wieder einmal an dem Punkt, daß ich weg wollte. Und wieder einmal aktivierte dieser Wunsch die Angst vor den Konsequenzen.

Mir ging es wirklich nicht gut.

Und dann kam die ‚Erleuchtung'.

Das klingt hochgestochen, aber für mich war es das, obwohl ich damals noch keinen bewußten Kontakt zu Gott hatte.

Ich kann heute gar nicht mehr genau sagen, wie das geschah. Ich weiß nur noch, ich war alleine in der Wohnung, ging im Wohnzimmer auf und ab, was völlig untypisch für mich ist. Und plötzlich hielt ich inne. Da war wirklich so ein Gefühl von ‚stop mal'. Ich fühlte mich plötzlich sehr ruhig und klar. Ich setzte mich hin und redete mit mir selber:

„Also, Petra, jetzt bring das doch mal auf den Punkt, so kommst du doch nicht weiter. Entschließt du dich zu gehen, dann boykottiert die Angst den Entschluß.

Du könntest deine Freiheit also niemals genießen. Entscheidest du dich aber zu bleiben, dann vergiftet die Vision von Freiheit jede Sekunde deines Lebens hier.

***So** geht es also nicht. Es muß eine andere Lösung geben! Irgendwie gibt es eine andere Lösung, ich komme nur nicht drauf.*

„Also, Petra, was willst du wirklich?"

*Ich brauchte nur eine kurze Überlegung: „Also, ich möchte weg **und** ich möchte bleiben!"*

„Konkreter!"

forderte mich eine Stimme in mir auf.

„Nun, ich möchte freier und unabhängiger sein, aber meinen Partner deshalb trotzdem nicht verlieren."

„Noch präziser!"

„Ich möchte mehr Freiraum und Unabhängigkeit im Zusammenleben mit meinem Partner haben!"

– Das war's!!

Tatsächlich, in dem Moment, in dem ich das denken konnte, war die Lösung bereits da, auch wenn es noch einige Tage dauern sollte, es zu konkretisieren.

Klar wurde mir auf der Stelle, daß es nicht nur Schwarz oder Weiß gab, zwischen denen ich mich zu entscheiden hatte, sondern dazwischen unzählige Grautöne.

Ich spürte, daß es möglich sein würde, beiden Impulsen in mir wenn schon nicht gerecht zu werden, so doch entgegenzukommen.

Ich wußte in dem Moment ganz sicher, daß es eine Lösung geben würde – daß es sie bereits gab!

Ich wußte, ich könnte unter mehreren Möglichkeiten die beste für mich aussuchen. Ich mußte nur verschiedene ‚Grautöne' finden.

Es klingt so platt, aber plötzlich wunderte ich mich, daß ich nicht schon eher darauf gekommen war. Es war doch so einfach, so offensichtlich, es lag doch wirklich auf der Hand.

Ich begriff einfach nicht mehr, daß ich mich damit mehrere Jahre gequält hatte.

Ich fühlte mich auf einen Schlag wie von einer riesigen Last befreit, lachte und weinte gleichzeitig über meine eigene Blindheit und war, ohne daß ich wußte warum, sehr, sehr dankbar.

Ich wußte, der Rest würde ein Klacks sein.

Heute weiß ich, daß genau das passiert ist, was Gott eben beschrieben hat. Der Schlüssel war da, als ich denken und fühlen konnte:

„Ja, ich will A ***und*** *B und es wird eine Lösung geben und ich werde sie finden!"*

Das, was ich als Selbstgespräch bezeichnet habe, war im Grunde schon ein Gespräch mit Gott, auch wenn ich das damals noch entrüstet von mir gewiesen hätte.

Es spielt also keine Rolle, ob man an ihn glaubt oder nicht.

Mein Denken hat Türen geöffnet, und sofort war er da und hat mir die nötigen Gedanken eingegeben.

Ich sehe / spüre, er grinst.

Nun, der Rest der Geschichte ist schnell erzählt. Nach diesem Erlebnis konnte ich nach langer Zeit wieder das erste Mal ruhig mit meinem Partner reden. Was zuvor immer über Anschuldigungen, Angriffe, Verteidigung und Rechtfertigungen unschön endete, konnte plötzlich konstruktiv werden.

Ich erzählte ihm ruhig, wie es mir ging und was ich brauchte, mir wünschte – und ich konnte es jetzt ja ganz konkret ausdrücken.

Ihm tat es gut, nicht nur Vorwürfe zu hören, sondern auch daß ich ihn nicht verlieren möchte und im Grunde weiterhin mit ihm zusammenleben wollte.

Auch er konnte von sich reden.

Und so konnten wir beide darangehen, Ideen zu entwickeln, wie es möglich sein könnte, genug Freiraum in unsere Partnerschaft einzubauen.

Es begann dann eine Zeit des Experimentierens, und sie dauert noch an, aber der Bann war gebrochen, wir konnten endlich konstruktiv etwas tun.

Wir!

Der Bann war gebrochen, als ich mich selber ernst nehmen konnte mit dem, was ich wollte und brauchte – und zwar mit beiden Anteilen!

Diese Erfahrung war wirklich ein Schlüsselerlebnis für mich und hat mir seitdem in vielen anderen Situationen geholfen, wenn ich mich nur daran erinnern konnte, wie es geht. Und ich kann bestätigen, auch wenn es in einigen Situationen unmöglich erschien, es hat ***immer*** *eine Lösung gegeben, ohne Ausnahme!*

Auch in meiner beratenden Arbeit mit anderen Menschen konnte ich beobachten, daß viele Menschen lange und stark leiden, weil sie sich zwischen Schwarz und Weiß gefangen fühlen. Ich kann sehen, wie auch von ihnen eine Last abfällt, wenn ich sage, daß es immer ganz viele Möglichkeiten gibt – Grautöne!

Und dann machen wir uns gemeinsam auf die Suche nach dem idealen ‚Grauton'.

Ja, so einfach ist es wirklich – und so schwer.

Das ist gelebte Polarität, sie wird dir immer und überall begegnen. Nie steht eine Sache alleine! Jedes Ding, jeder Aspekt hat seinen Gegenpol.

Wenn du beide sehen kannst, wenn du beide als gleichwertig ansehen und achten kannst und wenn du es schaffst, sie im Denken und im Handeln zu vereinen und ihnen Raum zu geben, dann bist du wahrhaft frei.

Das ist der Quantensprung, die Entwicklung in eine neue Dimension, in Räume mit ungeahnten Möglichkeiten.

Ich gebe zu, das braucht viel, viel Übung und viele, viele Rückfälle, um immer wieder daran erinnert zu werden. Aber mit jedem Mal, da es dir gelingt, wirst du mehr die Macht spüren, die darin liegt, und es wird von Mal zu Mal leichter, auch wenn du das am Anfang nicht wahrnehmen kannst.

Doch kehren wir zurück zu meinem simplen Beispiel, du weißt, mit der Unzufriedenheit über den Partner und der Angst, ihn zu verlieren, wenn du deine Wut ihm gegenüber ausdrückst.

Was kann man also konkret tun?

Gesetzt den Fall, du bist der Typ, der im Zweifel lieber schweigt, dann reicht es für den Anfang, wenn du deinem Partner sagst, daß sein Verhalten dir nicht gut tut oder gut getan hat.

Du wirst sagen:

‚Das ist doch nun wirklich keine Wut. Unter Wut verstehe ich wirklich etwas anderes.'

Aber das ist nicht wesentlich.

Wesentlich ist, daß du deiner Wut eine Stimme gegeben hast. Du hast sie, und damit dich selber, ernstgenommen, egal wie leise, unsicher und piepsig das bei dir herausgekommen ist.

Es zählt nur, **daß** du es getan hast.

Es ist sogar egal, ob du Erfolg hast. Laß dich nicht entmutigen. Du wirst am Anfang oft keinen Erfolg haben, das ist völlig normal. Aber du wirst die wichtige Erfahrung machen, daß du deinen Unmut äußern konntest, ohne den Partner zu verlieren.

Das ist ein Herantasten, ein Austesten, wie weit du **mit** deiner Angst gehen kannst. Vergiß nicht, die Angst will ebenso ernstgenommen werden, das ist sehr wichtig.

Kannst du verstehen, was ich mit diesem Beispiel meine und dir deutlich machen möchte? Damit hast du das vereint, was sich scheinbar ausschloß. Du hast deine Angst ernstgenommen **und** deine Wut!

Wieviel ist egal, Hauptsache du tust es!

Die Wut wird zufrieden sein, weil du sie gehört und ernstgenommen hast.

Das reicht!

Du glaubst gar nicht, mit wie wenig Zuwendung deinerseits dein Körper, deine Gefühle oder deine Seele schon zufrieden sind.

Also fang an – sofort – ,wie wenig es auch sein mag, das du tun kannst.

Und, ich sagte es bereits, sei geduldig und behutsam mit dir selber. Finde behutsam das Maß, das du leben und aushalten kannst.

Nun mag es sein, daß das oben geschilderte Beispiel schon eine Überforderung für dich wäre. Und so will ich es dir noch einfacher machen.

Ja, in der Tat reicht es am Anfang auch schon, es nur zu **denken**! In Gedanken die Wut hören und ernstnehmen. Du könntest zu deiner Wut sprechen, laut oder in Gedanken, ganz, wie du magst oder wie es am besten paßt:

„Ja, Wut, ich habe dich gehört und ich weiß, du hast recht. Ich müßte etwas sagen, und ich möchte auch was sagen, aber ich schaffe es **noch** nicht. Die Angst ist zu groß. Bitte, verzeih mir, ich verspreche dir, ich gebe mir Mühe."

Und auch in diesem Fall hast du beide Seiten gehört und ernstgenommen, und es wird dir besser gehen.

Es ist Macht, die du damit in Händen hältst, und du wirst verstehen, daß du erst lernen mußt, sie zu handhaben, damit sie dir zum Nutzen wird und nicht zum Schaden.

Je langsamer und vorsichtiger du dabei vorangehst, desto eher wirst du dein Ziel erreichen!

Wieder so eine verrückte Behauptung, die du kaum glauben kannst?

Alle wichtigen Dinge im Leben sind paradox, achte mal darauf! Sie entsprechen nicht eurer linearen Logik – ‚je schneller man läuft, desto eher ist man am Ziel'.

Es mag zwar so scheinen, aber der Schnellste bei einem Lauf muß noch lange nicht der ‚Gewinner' sein.

Also, ich betone noch einmal:

Je langsamer und vorsichtiger du vorangehst, desto eher wirst du dein Ziel erreichen!

Probiere es aus. Bist du zu forsch, werden sich deine Ängste vervielfältigen und der Weg wird länger, als er vorher war.

Also, nimm konsequent alle Anteile deines Selbst wahr und ernst und sei sicher, daß ich dir immer helfen werde, eine Lösung zu finden und das Unmögliche möglich zu machen.

Sei oder werde in deinem Geist offen, diese Wahrheit überall zu entdecken.

Alles ‚Gute' hat auch Schattenseiten, und alles ‚Schlechte' hat sein Gutes. Beides ist gleich wichtig! Das eine wäre ohne das andere nicht existent und, ob du es glaubst oder nicht, das eine ist nicht erstrebenswerter als das andere!

Es ist nicht erstrebenswert, z.B. sanft zu werden und alles Laute und Wütende abbauen zu wollen.

Alles hat seine Zeit und sein Recht.

Es gibt Zeiten, wo es ansteht, laut, stark und auch wütend zu sein, und es gibt andere Zeiten, in denen es besser ist, sanft, leise und behutsam vorzugehen.

Und so ist es mit allen Dingen.

Manchmal solltest du dich wehren, und ein anderes Mal mag es richtig sein, ‚die andere Wange hinzuhalten'.

Willst du eine Verhaltenweise in dir ‚ausmerzen' oder ‚loswerden', dann entziehst du ihr damit die Achtung.

Und genau diese Verhaltensweise, die du so gerne loswerden möchtest, wird sich in den Vordergrund schieben, schieben müssen, denn sie ist ein Teil von dir und will leben und wird um deine Anerkennung ringen. So wird zwangsläufig genau das stärker, was du an dir nicht leiden kannst. Es kann gar nicht anders sein!

Du kennst das, nicht wahr?

Es ist schlichtweg unmöglich, einen Pol zu neutralisieren, und jeder Versuch **muß** scheitern!

Also, warum gibst du diesen unnützen Kampf nicht einfach auf und akzeptierst, was ist und wer du bist.

Genauso wie du bist, jetzt in diesem Moment, bist du o.k., ohne Wenn und Aber.

Laß dir gesagt sein, es lebt sich sehr viel leichter in Anerkennung und gegenseitiger Achtung als in Kampf und Ablehnung – auch mit sich selber.

Bedenke das Gesagte auch für andere Menschen!

Gib auch ihnen dasselbe Recht und sieh auch bei ihnen immer beide Seiten der Medaille als sinnhaft zusammengehörig.

Für mich ist das kein Buch, sondern ein Prozeß, und ein äußerst heftiger noch dazu. Und doch, was mit mir hier geschieht, gehört dazu – zu dem, was **er** *sagen und deutlich machen möchte.*

Es gefällt mir zwar ganz und gar nicht, mich so sehr zu offenbaren, aber ich weiß, ich kann nicht mehr zurück.

Ich bin eingetreten in etwas, das ich nicht abzusehen vermag und das mir große Angst macht.

Gestern hatte ich einen sehr, sehr schlechten Tag.

Ich war erschöpft bis ins Mark, vom Aufwachen an.

Ich wollte schreiben, denn die Zeit hier ist begrenzt, und ich weiß nicht, wieviel noch kommt und wann ich sonst wieder Zeit und Ruhe finde zum Schreiben.

Aber es ging nicht, und ich wollte eigentlich auch gar nicht. Ich wollte nur meine Ruhe haben und schlafen. Nichts hören, nichts sehen und vor allem nichts fühlen

– und Gott wollte ich auch nicht.

Ich war voll Trotz und voll Widerstand:

*„***Ich** *will dieses blöde Buch ja auch gar nicht schreiben.*

Ich reiß mich wirklich nicht darum. Laß es doch jemand anderen schreiben, wenn du es unbedingt geschrieben haben willst. Und außerdem, was hast du gestern noch gesagt: ‚Wir sollen den Impulsen unseres Körpers unbedingt folgen'. Na also. Ich bin müde und will schlafen. Da gibt es nicht einmal einen Konflikt – basta!"

Und genau das habe ich dann auch getan.

Schlafen kann man das eigentlich nicht nennen, eher ‚wegtreten'.

Und es war gut so, obwohl es quälend war. Es war gut, weil ich, so kindisch und trotzig mein Verhalten auch sein mochte, **mich** *ernstgenommen habe.*

Wenn man so will, habe ich ***mich*** *sogar ernster genommen als Gottes Anliegen, dieses Buch zu schreiben.*

Es erschüttert mich, zu erkennen und zugeben zu müssen, daß er damit (verdammt, wie raffiniert) beweist, an mir als lebendem Beispiel beweist, daß alle Signale aus unserem Inneren tatsächlich Vorrang haben vor ***allem*** *anderen – auch der Vorstellung, was Gott von uns erwarten möge oder wie man sich ihm gegenüber verhalten sollte.*

Er grinst gerade, als habe er einen besonders guten Scherz gemacht.

Mittlerweile kann ich darüber auch wieder lachen, obwohl ich es nicht nett von ihm finde, daß ich sein Versuchskaninchen sein muß. Aber ich will nicht meckern, ich habe ja auch was davon – ich lerne!

Heute geht es mir also sehr viel besser. Ich bin wieder offen für das, was wohl heute passiert.

So war ich heute morgen zum Singen und zur stillen Meditation.

An der stillen Meditation habe ich in den letzten Tagen nicht teilgenommen, weil ich fand, genug Zeit im meditativen Zustand verbracht zu haben.

Zufall, daß ich es heute dennoch tat? Wohl kaum.

Zu Beginn wurden Gebete gesprochen, um Kraft, Frieden, Liebe und alles mögliche gebeten, und natürlich wurde auch gedankt – das Übliche halt.

Dann saß ich da in der Stille, ***mit offenen Augen,*** *inmitten von vielleicht 50 Personen. Alle schienen tief versunken in Meditation zu sein.*

Eine ergreifende, intensive, ‚heilige' Atmosphäre.

Und ganz plötzlich wurde mir heiß im Bauch und eng in der Kehle. Tränen schossen mir in die Augen, während die Erkenntnis und die Worte wie ein Schrei in meinem Bewußtsein explodierten:

„Oh, Gott, das kannst du nicht mit mir machen! Tu mir das nicht an! Alle diese Menschen, die hier so friedlich sitzen, würden mich auf der Stelle in der Luft zerreißen, wenn ich ihnen ihren Gott – so wie sie ihn haben ***wollen*** *– wegnehmen wollte.*

Wenn die wüßten, was ich hier schreibe.

Das, was du mir hier diktierst, will doch keiner hören. Sie wollen keinen Gott zum Anfassen, zum Lachen, zum ‚Pferde stehlen'.

Sie wollen Ehrfurcht, Heiligkeit, das Gefühl von etwas ganz Großartigem, an dem sie beteiligt sind. Je mehr Gänsehaut desto besser. Sie wollen, daß da jemand ist, der ihnen etwas geben und nehmen kann.

Das ist einfach ***zu*** *revolutionär!"*

Und ich spürte in der Tiefe meines Seins – Angst!

Große Angst! Angst war es, was mich gestern in Trotz, Widerstand und so etwas wie Krankheit verharren ließ.

Pure, schlichte Angst!

Ich tue hier nicht mehr und nicht weniger als den gesamten Glauben zu revolutionieren, wenn ich sage, daß Gott gar keine Gebete hören will und auch keine Dankbarkeitsbezeugungen braucht.

Gott, die ‚kreuzigen' mich!

Gott, das ist wirklich zu viel für mich. Da hast du die Falsche am Wickel. Dazu bin ich echt zu feige!

In dieser kurzen Zeit der Stille sagte er mir, bzw. diktierte es bereits:

Stelle dir vor, du bist Mutter oder Vater eines Kindes. Vielleicht bist du es bereits, dann wird es dir leichter fallen.

Stelle dir weiter vor, dieses Kind kommt immer wieder an und fragt dich: „Wo ist mein Ball? Kannst du mir Papier geben? Bitte, gib mir dies und gib mir jenes."

Wie würde es dir gehen, wenn du weißt und siehst, daß der Ball neben ihm liegt, das Papier vor ihm, daß es alles, was es begehrt, bereits hat?

Nun, sind die Kinder klein und unwissend, dann wirst du sie sanft darauf hinweisen, wo sie das Gesuchte finden, nicht wahr?

Aber wenn sie trotzdem weiter quengeln oder wenn sie größer sind, und du weißt, sie wissen es sehr wohl alleine und sind nur zu faul, zu suchen oder es sich selber zu holen, kann es da nicht sein, daß du ungeduldig wirst und sagst: „Was fragst du mich dauernd, du hast doch alles! Holen mußt du es dir schon selber."

Nun, keine Angst, ich werde nie ungeduldig, aber die Situation ist die gleiche.

Du, dem dieses Buch in die Hände gefallen ist, du bist reif genug zu begreifen, daß Gebete überflüssig sind, weil du alles zur Verfügung hast, was du für die absolute Glückseligkeit brauchst. Alles!

Es ist nicht meine Schuld und auch nicht meine Verantwortung, wenn du es vorziehst, zu leiden, zu weinen und zu klagen über den Ball, den du nicht hast, anstatt die Augen zu öffnen, dich umzusehen, zu suchen, zu finden und ihn dir zu nehmen.

Ich habe dir alles gegeben, und es ist deine Verantwortung und deine freie Wahl und Entscheidung, ob du es annimmst oder nicht.

Das ist, wovor Petra Angst hat. Sie glaubt, die Menschen wollen die Verantwortung nicht für sich übernehmen (sie ertappt sich ja selber immer wieder dabei). Sie wollen einen Gott, der verantwortlich ist.

Sie glaubt, man wird sie steinigen, wenn sie sagt:

„Hört auf, Gott um etwas zu bitten. Ihr beleidigt ihn und euch selber!“

Nun, das ist Petras Angst. Aber würde ich all dies diktieren, wenn es so wäre?

Ich diktiere es, weil eine neue Zeit anbricht, in der ihr wirklich begreifen sollt, und eben auch begreifen könnt, daß ihr um nichts zu bitten braucht.

Es ist euer! Schon immer gewesen!

Ich sehe, daß du genau verstehst, wovon ich spreche, du spürst, daß es wahr ist, und du spürst auch, daß es eine unangenehme Wahrheit ist.

Natürlich ist es sehr viel leichter zu bitten: „Bitte, Gott, gib mir Kraft“, als sie in sich selber zu suchen und den Mut zu finden, sie auch anzuwenden.

Ich schreibe, **weil** du das kannst und weil ich diese Kraft der Eigenständigkeit in dir wecken möchte, dich an sie erinnern möchte.

Die Menschheit braucht einen ‚neuen‘ Gott.

Nicht daß der heilige und unnahbare Gott falsch wäre, aber es steht ein Wandel an. Ihr braucht mehr Menschen, die selbstbewußt, selbstbestimmt und eigenverantwortlich in ganz direktem Sinne sind.

Darum dieses neue Buch – von der anderen Sorte gibt es wirklich genug.

Mit der Dankbarkeit verhält es sich, in der Tat, ähnlich.

Stelle dir wiederum vor, Vater oder Mutter zu sein.

Nun stelle dir mal tatsächlich vor, dein Kind würde alle Nase lang zu dir gerannt kommen:

„Danke, daß ich einen Ball haben darf.

Danke, daß du mich beschützt.

Danke, daß du mich versorgst.

Danke, daß du mich spielen läßt.

Danke, daß du mich liebst....“

Sag mal ganz ehrlich, würdest du dir dabei nicht albern vorkommen? Fändest du das nicht ziemlich nervig? Findest du das alles nicht selbstverständlich?

Würde es dir nicht auch so gehen, daß du es viel, viel schöner fändest, wenn du siehst, daß dein Kind mit dem Ball, den du ihm geschenkt hast, auch wirklich spielt und sehr glücklich ist?

Wäre es nicht auch für dich mehr als Lohn genug zu sehen, daß seine Augen leuchten, daß dein Geschenk es zu wunderschönen Bewegungen motiviert, daß dein Kind vor Freude quiekt, singt oder schreit und daß dein Geschenk dazu beiträgt, daß dein Kind in Kontakt mit anderen kommt, mit anderen Spaß hat?

Wird es dich nicht stolz und froh machen, wenn du siehst, daß es sein Geschenk mit anderen teilt und die Freude, die du schenkst, sich vervielfacht?

Du brauchst nur in dich hineinzuspüren, was dich glücklicher machen würde, das Kind, das sich immer artig bedankt oder das, welches spielt?

Warum ist es so schwer für euch zu glauben, daß ich überhaupt nichts anderes will.

Ich will, daß ihr glücklich seid!

Zu sehen, daß du dich wohl fühlst, gesund und glücklich bist, ist mir Dank genug.

Wenn du dann wirklich ein Übriges tun willst, dann gib das empfangene Geschenk weiter oder teile es.

Aber dazu bist du nicht verpflichtet.

Ich erwarte es nicht von dir – glaube das nicht!

Wenn du es einfach behalten möchtest – ganz für dich haben möchtest – dann ist das völlig o.K..

Vielleicht mußtest du immer teilen.

Du **mußt** gar nichts – absolut gar nichts!

Laß dir das nicht einreden, von niemandem, auch nicht von mir. Wenn dir das paradox erscheint – um so besser.

Irgendwann wirst du das Bedürfnis in dir spüren – aus dir selbst heraus und nicht weil es dir jemand nahelegt hat oder befiehlt – das, was dir gut getan hat, auch anderen zukommen zu lassen.

Und das ist früh genug!

Folge deinem Gefühl und du gehst immer richtig.

Viele Menschen geben zu früh, wenn sie noch gar nichts zu geben haben.

Alles, was unter Druck und Zwang gegeben wird (und das können auch innere Zwänge sein), ist im Grunde ‚vergiftet'.

Wirkliches Geben kann nur aus Freude und Glück geschehen und in absoluter Freiwilligkeit!

Also noch einmal, so quasi als Merksatz (so etwas findet ihr doch immer gut, gell?):

Dein Glück ist mir mehr Dank als alle Worte des Dankes, die du sagen könntest!

Du kennst das doch auch. Es ist einfach schön, wenn Geschenke wirklich ankommen, und es entschädigt für jeden Aufwand, wirklich für jeden.

Wahrscheinlich wird es dir sogar Spaß machen, dieser Person das nächste Mal ein noch schöneres Geschenk zu machen, weil du so reich belohnt wurdest durch ihre Freude.

Und so wachsen die Geschenke mit der Freude und die Freude mit den Geschenken.

‚Ja und nun?' höre ich dich fragen und spüre deine Verwirrung und deine Unsicherheit, ‚soll ich mich jetzt nicht mehr zum Gebet oder zur Meditation hinsetzen? Und was sonst? Was kann ich oder was soll ich denn jetzt tun? Das hat mir doch immer so gut getan. Es war so erhebend und mit anderen oft sogar richtig großartig.'

Das hat Petra am Anfang auch sehr verwirrt und durcheinandergebracht. Sie war eine ganze Weile richtig ‚sprachlos', weil sie noch keine neue Form hatte. Aber letztlich ist die Form von ‚Gespräch', die sie jetzt mit mir führt, dadurch entstanden.

Immer wenn sie in abgeflachte Gebetsformeln verfiel – und glaub mir, das tut ihr alle, das ist das Erbe von Generationen – dann tippte ich ihr auf die Schulter und fragte: „Jetzt mal zur Sache, wie geht es dir?“

Dann zuckte sie immer schuldbewußt zusammen und begann zu erzählen, was sie erlebt hatte, was ihr Sorgen bereitete, auf was sie stolz war und was ihr Angst machte. Meistens war es das Gefühl, wieder etwas nicht ‚richtig‘ gemacht zu haben oder besser machen zu müssen.

Und je nachdem fragte ich nach, tröstete sie oder gab ihr auch mal Tips.

Wenn sie Antworten haben wollte, hieß ich sie meist selber suchen, und meistens fand sie die Antwort dann auch sehr schnell. Manchmal piekste ich sie mit kritischen, unangenehmen Fragen.

Kurz und gut, wir haben uns nicht anders unterhalten, als sie das mit einem guten Freund, Vater, Therapeuten oder auch Nachbarn getan hätte.

Von einem Nachbarn würdest du ja auch nicht erwarten, auf jede Frage einen Ratschlag zu erhalten, und du würdest von ihm auch sicherlich nicht Kraft, Glück usw. erbitten, und du würdest ihm auch nicht dauernd danken.

Du würdest dich einfach nur mit ihm unterhalten und dir würde es hinterher besser gehen, wenn es nur eine Person ist, die dir wirklich zuhört, dich immer ernstnimmt, egal wie albern, kindlich oder peinlich dir dein eigenes Verhalten auch erscheinen mag.

Eine Person, die dir so viel Zeit und Raum gibt, wie du gerade brauchst, bei der du spürst, daß sie dich versteht und dir helfen **will**, auch wenn sie es scheinbar nicht vermag. Du findest solche Gesprächspartner unter den Menschen, und so – genau so kannst du dich auch mit mir unterhalten.

Ich verspreche dir, alles, was du von einem guten Gesprächspartner und Zuhörer erwartest, gebe ich dir. Darum redet Petra immer von ‚Gesprächen' mit mir, nicht von Gebeten und auch nicht von Meditationen. Gespräche sind es wirklich, und es ist ein einfacher Weg, mit mir in Kontakt zu kommen. Setz (hocke, lege usw.) dich hin und sage „Hallo, Gott" (oder wie immer du mich nennen magst), und dann sage ich „Hallo, du" und es kann losgehen.

Ein Gespräch ist es auch deshalb, weil beide Seiten aktiv und gleichberechtigt sind.

Wenn du wüßtest, wie oft Petra mich kritisiert, hinterfragt und ihre Kommentare dazu abgibt. Und das ist gut so, denn damit kommt ein Gespräch doch erst so richtig in Schwung. Damit wird es lebendig und interessant oder?

Gestern fuhr Petra mich an „Verdammt noch mal, mußt du denn immer recht behalten? Du gehst mir auf den Keks."

Ich schreibe das, damit du siehst, daß das möglich ist und daß du das auch darfst. Glaub mir, das kann ich gut aushalten und auch verstehen. Ehrlichkeit ist mir sehr viel lieber als angstvoller oder hohler Respekt, und sie ist auch wichtiger, denn nur Ehrlichkeit euch selber und anderen gegenüber bringt euch weiter.

Vielleicht verstehst oder glaubst du das nicht, aber ich freue mich über solche ‚Ausbrüche', wie du dich über ein lebendiges, stolzes und selbstbewußtes Kind freuen würdest.

Ich wünsche mir ja gerade Menschen, die sich wehren und ‚Nein' sagen können, Grenzen setzen können und sich selber wichtig nehmen, auch wenn es manchmal etwas patzig kommt.

Also, warum sollte ich mich darüber ärgern oder beleidigt sein?

Das wäre wie eine Mutter, die beleidigt ist, weil ihr Kind gerade gesagt hat ‚du bist eine doofe Mama', weil sie ihm gerade gesagt hat, daß etwas Bestimmtes einfach nicht geht.

Du traust mir doch zu, daß ich darüber stehe, oder?

Also lege getrost allen überflüssigen Respekt und alle Ehr-furcht ab.

Ich bin wirklich der Letzte, der dir schaden würde, also ist jede Angst völlig überflüssig.

Ich tue niemals etwas, das dir schaden, dir wehtun oder das dich in deinem Selbstwert schmälern würde!

Vielleicht ist es überflüssig, aber ich sage es trotzdem: Niemals werde ich dich bestrafen und habe es nie getan! Das habe ich überhaupt nicht nötig.

Es tut mir weh zu sehen, daß ihr euch ständig selber und auch gegenseitig bestraft.

Ich kenne weder Rache noch Strafe!

Das mögen für dich noch Behauptungen sein, die du anzweifelst. Mache deine eigenen Erfahrungen, beweise es dir selber.

Petra redet dazwischen. Diesmal **will** sie etwas dazu sagen.

Nichts weiter als eine Anmerkung zu dem, was du eben gesagt hast. Ich habe das Bedürfnis, den Leser darauf vorzubereiten, daß es sich nicht immer nur glorreich mit dir anfühlt. Ich fürchte, sonst entstehen falsche Bilder, falsche Erwartungen und Enttäuschungen.

Im Laufe unserer Gespräche hatte ich ab und zu sehr wohl das Gefühl, daß du mich hängen gelassen hast, wenn ich dir verzweifelt Fragen stellte oder ich mich gequält fühlte durch unnachgiebige, unangenehme Fragen von dir.

Selten habe ich dich als streng erlebt, aber auch das gab es. Man sollte bei dir stets auf das Unerwartete vorbereitet sein, um nicht allzu verwirrt zu sein.

Aber ich bestätige hier ganz klar, das waren immer nur bestimmte Punkte im Gespräch.

Es waren immer wichtige Punkte, die mir über eine Schwelle in mir selbst hinweggeholfen haben, und es führte ***immer*** *zu etwas Gutem!*

Wenn Gott unangenehm wird, dann kann man sicher sein, daß es um etwas Wichtiges geht, und es lohnt sich unbedingt, im Vertrauen darauf, daß er es nicht ohne Grund tut, weiter mit ihm in Kontakt zu bleiben.

Er wird dich nie enttäuschen.

Was er als seine Grundhaltung versprochen hat, das habe ich bisher als absolut wahr erlebt.

Aber dieses ‚Hart-sein-können' ist ja genau das, was man von guten Eltern, Vorgesetzten, Therapeuten und auch Freunden erwartet und an ihnen schätzt, weil eben nur das manchmal hilft.

Also, du bist wieder dran.

Wir haben gerade überlegt, wie es weitergeht, und Petra meinte, daß ich mal etwas zu der ‚Form' sagen soll, in der ich mich hier darstelle bzw. die mich darstellt.

Sie befürchtet, das Gesagte würde abgelehnt, weil es zu bildhaft ist. Als sei ich eine Person wie du.

Sie meint, der Vorwurf des ‚Märchenbuches' könne verhindern, daß der Inhalt ernstgenommen wird und Widerstand bei denen hervorrufen kann, die bereits zu viel ‚wissen'.

Ich würde mich hier zu einfach darstellen, als daß ich bei den Menschen, die sich angewöhnt haben, im Komplizierten die Wahrheit zu suchen – und die zum großen Teil meine Leser sein werden (so folgert **sie** !) – auf Offenheit stoßen könnte.

Petra meint, es könne wirken wie ein Kinderglaube.

Ja, **sie** hat Angst, nicht ernstgenommen und verlacht zu werden. Dennoch hat sie recht, daß ich etwas dazu sagen sollte.

Ja, ich bin ein Prinzip, das weit außerhalb eurer Vorstellungskraft existiert.

Ich werde all jene enttäuschen, die an dieser Stelle auf nähere Erläuterungen dazu hoffen. Die gibt es in anderen Büchern. Es ist eben nicht Sinn und Inhalt dieses Buches, in diese Richtung zu gehen.

Also lassen wir es hier jetzt so stehen: Ich bin für dich unvorstellbar und unbegreifbar.

Doch je mehr du dir des Unterschiedes bewußt bist, desto mehr entfernst du dich von mir, ist es nicht so?

Darum will ich die Unterschiede hier auch gar nicht weiter betonen. Für alle diejenigen, die mich als ein hochgeistiges Prinzip zu verstehen suchen, bin ich nurmehr theoretisch da und beeindrucke mächtig.

Es ist so, als wolltest du dir Milliarden x Milliarden x Milliarden deiner Währung vorstellen.

Was da bleibt, ist nur noch ‚viel Geld', unvorstellbar viel Geld.

Wenn du dir aber 1000 deiner Währung vorstellst, dann siehst du Dinge, die du dir damit realisieren könntest. Du hast eine direkte Vorstellung, wie lange du davon leben und welche Wünsche du dir erfüllen könntest.

Du kannst es einschätzen, inklusive aller Möglichkeiten und Probleme, die es dir bieten wird.

Und so ist es mit mir auch. Je näher du mich an dich heranholst, desto direkter bin ich für dich vorstellbar, desto leichter kannst du mit mir umgehen, reden und desto besser kann ich dir helfen.

Ein Kinderglaube? – Meinetwegen!

Glaub mir, Kinder stehen in sehr viel besserem Kontakt zu mir als Erwachsene, die es sich verbieten, mich als einen alten Mann mit weißem Bart zu sehen.

Und werdet ihr nicht wie die Kinder, so werdet ihr es schwer haben, zu mir zu kommen.

Lerne von den Kindern, mach es dir so einfach wie möglich.

Da ich kein Gesicht habe, entwirf eines, das dir sympathisch ist und mit dem du gerne zusammen wärst.

Wenn du dich mit einer Frau wohler fühlst, dann laß mich für dich eine Frau sein.

Sage nicht, ich sei ‚weder-noch' und ‚sowohl-als-auch'. Damit hast du zwar recht, aber was hilft es dir?

Kannst du dir so jemanden tatsächlich vorstellen und dich damit auch noch wohl fühlen? Mal ganz ehrlich?

Also laß besser alles Komplizierte weg.

Ich weiß, man hat es dir anders beigebracht: ‚Du sollst dir kein Bild machen'. Das war anders gemeint.

Kein Bildnis – keine in Stein oder Gold gemeißelte Figur, die angebetet wird. Nein, das wollte ich wirklich noch nie.

Aber ich sage es hier ganz ausdrücklich: Mache dir ein Bild von mir! Gestalte mich so, wie du mich brauchst und ich dir gut tun würde.

Gib mir einen Namen – irgendeinen.

Aber ich rate dir, sieh mich als Mensch, nicht zum Beispiel als Wolke. Wer redet schon mit Wolken?

Und selbst wenn, dann haben Wolken andere Erfahrungen und Empfindungen als du.

Ein Mensch kann fühlen und sehen wie du, kann nachempfinden, denken und verstehen, kann lachen, weinen, grinsen oder schmunzeln und hat all die Facetten, die du kennst und verstehst.

Statte mich mit allen Verhaltensweisen aus, die dir lieb und wichtig sind, die du brauchst, um dich mit mir wohl zu fühlen.

Für Petra bin ich ein Mann und so etwas wie ein Freund und Therapeut. Wir lachen gemeinsam und foppen uns auch wohlmeinend.

Wie werde ich für dich sein?

Petra weiß, daß ich mehr bin – unvorstellbar viel mehr. Sie weiß, daß ich kein Mann bin (es war ihr wichtig, daß ich das noch schreibe – ha-ha). Sie hat schon lange den Versuch aufgegeben, sich etwas Unvorstellbares vorzustellen, und sie hat gefunden, daß es so einfacher und effektiver ist.

Es ist ihr ein bißchen peinlich, daß sie zu einem ‚Kinderglauben' zurückgekehrt ist, den sie zudem nie hatte.

Es ist schon wahr, es ist wichtig, daß du dies begreifst. Mach mich für dich vorstellbar, hol mich so nahe an dich heran, wie es für dich geht – greifbar – ,und du wirst finden, daß es dann leichter fällt, mit mir in Kontakt zu kommen – viel leichter!

Vorschlag: Vielleicht solltest du dir dafür eine ‚Meditation' lang Zeit nehmen.

Mag sein, du bist überrascht, wer da für dich auftaucht. Du brauchst es ja niemandem zu sagen!

Du beleidigst mich nicht durch diese Einschränkung. Mach dir darum keine Sorgen, du kannst mich gar nicht beleidigen!

Ich wünsche mir, daß du alles tust, was dir den Kontakt zu mir erleichtert, damit ich dir schnell helfen kann, Gesundheit, Glück und Frieden zu finden.

Du hilfst damit dir und mir.

Da haben wir es wieder: Mach es dir immer so einfach und angenehm wie möglich! Du mußt nichts aufgeben!

Wenn dir das stille Sitzen mit anderen gut tut oder das Singen, dann tue es auch weiterhin, aber behalte immer im Bewußtsein, daß es keine bestimmte Form **braucht,** um mit mir zu sein.

Finde in allem deine eigene Form!

Und so komme ich zu einem weiteren Schlüssel für dein Wohlbefinden: Tue einfach immer nur das, was dir gut tut, Spaß macht, leicht fällt, was dich interessiert, worauf du dich freust, was dir Kraft gibt!

Höre **sofort** damit auf, wenn es sich verändert und nicht mehr gut ist!

Das klingt wieder zu einfach? Ich verspreche dir, es ist der geradeste, schönste und schnellste Weg zur Erfüllung.

Oh, ich weiß, da hörst du schon wieder viele ‚Das darf man nicht'. Wir hatten das Thema schon.

Das sagen dir Menschen, die nicht wollen, daß du vor ihnen ans Ziel kommst, daß es dir besser geht als ihnen.

Ich sage ausdrücklich:

Du darfst!
Du darfst es dir gut gehen lassen!
Du darfst genießen, was sich dir bietet!
Du darfst Lust spüren und sie leben
in allen Bereichen des Lebens!
Du darfst Dinge abbrechen,
wenn sie dir nicht mehr gut tun!
Du darfst deine Meinung ändern!
Du darfst…!

Glückseligkeit ist nicht etwas, was erst am Ende eines unendlich langen und mühsamen Weges auf dich wartet. Verdammt noch mal, hör endlich auf, dir ständig etwas derartig Dummes einreden zu lassen oder dir selber einzureden.

Sie ist da! Sie ist schon lange da! Du hast sie schon immer gehabt – lebe es doch endlich! Nimm es!

Nimm dir das Leben! Genieße es!

Du mußt nichts – gar nichts – aushalten,
du mußt durch nichts ‚durch'.

Dies ist ein sicherer Wegweiser, der dir immer wieder, jede Sekunde, hilft und dir genau sagt, wo es lang geht – ganz zweifelsfrei.

Wenn du bei dir Unzufriedenheit, Angst, Schuld, Kampf oder Unwohlsein, welcher Art auch immer, entdeckst, dann erinnere dich an diese frohe Botschaft:

Du mußt nichts aushalten!

Und dann halte Ausschau danach, wie du es ändern kannst, damit du dich – auch mit den anderen – wohl fühlen kannst.

Du hast ein Recht auf Freude, Gesundheit, Schönheit, Wohlbefinden, auf eine eigene Meinung, eigene Erfahrungen, eigene Fehler
– laß dir von niemandem etwas anderes einreden.

Die Glückseligkeit ist jetzt in diesem Moment dein.

Sie ist da, und das ist nicht theoretisch als ein Prinzip oder Symbol gemeint, sondern ganz direkt, greifbar, spürbar, lebbar.

Du hast dich so sehr ans Unglück gewöhnt, an das tägliche Vorhandensein von Enttäuschungen, Pflicht, Kampf und Krankheit, daß dir **das** als die einzige Realität erscheinen mag. Das Glück liegt, wenn überhaupt, fern in der Zukunft.

Aber das ist nicht wahr. Es ist eine Illusion!

Weil du es so sehr gewohnt bist, wirst du, wenn du nicht acht gibst, immer wieder diesen alten Weg betreten.

Aber das macht nichts, denn du hältst ja den Schlüssel in deinen Händen, kennst den Wegweiser, der dir auch in der Dunkelheit hilft, wieder auf den ‚besten' Weg zu kommen. Unzählige Male wirst du abkommen – und wieder zurückfinden.

Laß dich nicht entmutigen.

Wenn du es zuläßt, helfe ich dir.

Am Anfang mag es für dich auch schwierig sein, überhaupt herauszufinden, was dir gut tut, was du in einem Streit, einer Notlage oder in einer traurigen Phase tun kannst.

Ich verstehe, daß dir das schwer oder sogar unmöglich erscheinen mag. Das liegt dann aber nur daran, daß du so wenig weißt, was dir wirklich gut tut.

Da hilft nur eines – finde es heraus.

Experimentiere! Und wenn es dir nicht gut tat, dann zucke mit den Schultern und sage ‚das war's wohl nicht' und versuche etwas anderes.

Letztlich bedeutet auch dies nur, so nach und nach die inneren Sinne zu schärfen, um immer besser und sicherer die Informationen in dir zu finden, was du gerade brauchst oder tun solltest.

Ja, du hast recht, das hatten wir schon mal.

In der Tat betrifft diese Haltung – man könnte sie ‚unbedingt sich selbst gehorchen' nennen – alle Bereiche, nicht nur, was deinen Körper und deine Emotionen angeht. Sie betrifft den Umgang mit dir selber, den Umgang mit anderen, mit der Natur, der Erde, mit mir – alles, wirklich alles.

Die Hinweise für alles Verhalten findest du in dir. Darum ist es so überaus wichtig, daß du es zu hören lernst.

An dieser Stelle steige ich noch einmal ein.

Seltsam- für dich, der du dies jetzt liest, vergeht die Zeit linear. Du liest dies in einem Fluß.

Doch es ist ein Einschub!

Für mich ist es jetzt vier Monate später. In dieser Zeit ist natürlich viel passiert.

Ich sagte ja bereits an anderer Stelle, daß das Schreiben dieses Buches gleichzeitig ein Prozeß ist, der mich selber ganz mit einbezieht.

So erklärt sich dieser Einschub gerade durch diesen zeitlichen Abstand.

Vor vier Monaten hielt ich stolz und auch recht aufgeregt das vermeintlich fertige Skript in Händen.

Ich marschierte damit direkt zur ‚Findhorn-press', so nach dem Motto ‚Hier bin ich'.

Schließlich hatte Gott ja gesagt, daß es hier veröffentlicht werden soll und ich mir darum keine Sorgen zu machen brauche.

Nun, die zuständige Dame hatte auch Zeit für ein Gespräch und zeigte sich interessiert und freundlich.

Dennoch blieb sie klar in ihrer Aussage: – Nein –.

Wohl um mich nicht zu enttäuschen, behielt sie das Skript einige Tage, gab es mir aber ungelesen zurück, wie sie selber sagte.

Ihre Begründung für die Ablehnung: ‚zu wenig Seiten'.

Ich konnte es nicht fassen. Was sollte denn das nun wieder? Warum läßt Gott mich das alles schreiben, wenn er dann nicht einmal dafür sorgt, daß es gelesen wird?

Ich war verwirrt und auch enttäuscht. Ich versuchte, mich zu beruhigen, indem ich mir selber sagte, daß es schon seinen Sinn und seine Richtigkeit haben werde, aber irgendwie war ich trotzdem sauer.

Hatte ich etwas falsch gemacht oder etwas versäumt?

Sollte ich mit mehr Nachdruck noch einmal bei ‚Findhorn-press' vorsprechen?

Zwei andere liebe Personen, die ich dort kennengelernt und ins Vertrauen gezogen hatte, waren klarer und neutraler als ich, und sie rieten mir, abzuwarten und alles so anzunehmen.

So packte ich das Skript ganz unten ins Gepäck und genoß meine letzten Tage dort in Schottland.

Wieder in meiner Heimat angekommen, nahmen mich andere Dinge in Anspruch: Familie, Freunde und natürlich auch die Arbeit.

Das Skript lag unbeachtet in einer Schublade.

Was sollte ich auch damit anfangen?

Der Deal mit Gott war klar, für die Veröffentlichung hatte er zu sorgen, denn als Verkäufer und Klinkenputzer eigne ich mich gar nicht.

Irgendwann kam mir dann aber die Idee, daß es wenigstens ein schönes, sehr persönliches Geschenk für einige Freunde sein könnte. Immerhin nahte wieder einmal Weihnachten.

Wer weiß, vielleicht lag darin schon der ganze Sinn dieser Arbeit? Mag sein, daß das Geschriebene nur einige wenige Menschen erreichen sollte.

Das wäre mir recht, denn ich hätte es dann nicht umsonst getan.

Jedenfalls begann ich, das Skript wieder hervorzuholen und in den Computer zu tippen. Anfangs eher lustlos, weil ich viel zusätzliche Arbeit vor mir sah.

Auch hatte ich wieder vieles verdrängt und die Beschäftigung mit dem Thema war mir unangenehm.

Vielleicht auch deshalb, weil ich mir so falsch und unehrlich vorkam, denn seit meinem Aufenthalt in Findhorn hatte ich nicht mehr mit Gott ‚gesprochen'.

Doch es tat mir zunehmend auch gut, damit wieder in Kontakt zu kommen.

Irgendwann tauchte das Gefühl auf, daß noch etwas Wichtiges fehlte. Was dann passierte, entnehme ich am besten direkt meinem Tagebuch:

Gestern abend habe ich mal wieder mit Gott gesprochen. Dies war das erste Mal wieder seit Findhorn, und das ist knapp vier Monate her.

Warum habe ich es nicht getan, oder warum konnte ich das nicht?

Gott gibt meine Frage zurück und ich bin sauer.

Aber das stört ihn nicht. Er amüsiert sich offenbar köstlich, wie ich mich dagegen wehre, selber auf die Lösung zu kommen.

Schließlich gab ich mir innerlich einen Schubs, und plötzlich wußte ich die Antwort.

Sie war als Problem bereits bei der Skriptkorrektur aufgetaucht, jedoch nicht in mein Bewußtsein gedrungen. Doch jetzt löste sich der Knoten.

Ich hatte die falsche Frage gestellt.

Als ich mich, mit einem schlechten Gewissen gegenüber meinen potentiellen Lesern, fragte, warum ich seitdem keine solchen Gespräche mehr mit Gott geführt hatte, tauchten gleich die folgenden Fragen auf:

Ist das überhaupt wahr?

Habe ich den Kontakt zu Gott wirklich wieder verloren?

Kann ich den Kontakt zu Gott überhaupt verlieren?

Nein! Ich wußte und spürte sofort, daß dem nicht so war.

Also, was war anders?

In Findhorn und in den letzten Jahren davor hatte ich mit einem gewissermaßen personifizierten Gott gesprochen. Das hat Vor- und Nachteile.

Es ist eindeutig leichter, wenn man sich ein Gegenüber, einen Gesprächspartner vorstellen und mit ihm in einer Art kommunizieren kann, die einem hilfreich erscheint. Man bekommt (mehr oder weniger) verständliche Antworten und Reaktionen, mit denen man sich auseinandersetzen kann.

Andererseits muß man sich Zeit und einen ruhigen Raum für diese Gespräche suchen und nehmen.

Schwierig ist es zudem, zu lernen, Gottes ‚Stimme' zwischen vielen anderen herauszuhören, die einem im Kopf herumquatschen.

Das war für mich ein längerer und wie beschrieben auch schwieriger Prozeß, und ich vermute, daß einige Leser meines Buches auch mit einer gewissen

Rat- und Hilflosigkeit vor diesem Problem stehen werden.

Das war die Form, die ich in und vor Findhorn praktizierte.

Aber Gott hatte anfangs ja bereits eine andere Möglichkeit angedeutet.

Was war jetzt anders?

Ich habe nicht mehr mit einem personifizierten Gott gesprochen bzw. sprechen können, denn auch das war ganz sicher kein ‚Zufall' – oder gerade ‚Zu-Fall'.

Also kein Gott, der über allem steht, der über alles Bescheid weiß und mit dem ich z.B. meine Bauchschmerzen besprechen könnte.

Gott als Person hat sich von mir zurückgezogen, damit ich eine neue Form der Kommunikation mit ihm lernen kann – davon bin ich jetzt überzeugt.

So lernte ich in der letzten Zeit immer mehr, direkt mit den Bauchschmerzen zu reden, mich mit den verschiedenen Aspekten des Alltags unmittelbar auseinanderzusetzen.

Und plötzlich begreife ich das so Offensichtliche und Einfache:

Ich stehe mit Gott in direktem Kontakt, wenn ich ihn in all seinen Aspekten, überall im Leben, in der Natur, in anderen Menschen, in mir selber, meinem Körper finde.
Je mehr ich auf all das achte, wach und aufmerksam bin, desto mehr **bin** ***ich mit ihm in Kontakt und im Gespräch, denn er ist alles, und ich finde ihn überall.***

Das ist eine völlig andere Art von ‚Gespräch'.

Nicht so menschlich, sachlich intelligent, sondern bildhaft, symbolisch intelligent.

Das ist nicht besser und nicht schlechter, sondern nur anders.

Eine andere Möglichkeit, auch mit Vor- und Nachteilen:

Die Vorteile sind eindeutig, denn alles Grübeln und Zweifeln kann damit ***sofort*** *aufhören.*

Kein langer Weg herauszufinden, welche von den vielen Stimmen in meinem Kopf Gottes Stimme ist.

Denn – und diese einfache Erkenntnis haut mich echt um – egal, welche Stimme auch auftaucht oder welches Körpersignal......... ***es ist immer Gottes Stimme!***

Es gibt nichts, was außerhalb von Gott ist!

Kann man denn trennen in Bereiche, wo Gott existiert, und andere, wo er nicht ist? Ich denke nicht.

Ich habe keine Zweifel, wenn es eine Hölle gibt, dann wird Gott auch dort sein.

Ich glaube, jede Art von Trennung versteht Gott grundsätzlich falsch, und erst wenn wir die Trennung aufgeben, können wir wieder heil werden.

Nicht indem wir die störenden Teile im Außen oder in uns selbst loszuwerden oder zu bekämpfen suchen.

Unsere mordenden Phantasien und Träume, unsere Ungerechtigkeit, unser Geiz oder unsere geilen Gedanken wollen wir uns abgewöhnen oder abtrainieren.

Aber erst wenn wir wirklich in ***allem*** *Gott wahrnehmen, heben wir die Trennung auf, die uns so viel Leid bringt und uns krank macht.*

Der Nachteil ist, daß es so schwer zu glauben ist, wenn es sich um wütende, depressive, süchtige, verletzende oder peinliche Stimmen oder Gedanken handelt, für die man sich zutiefst schämt.

„Der/die sieht echt geil aus, mit der/dem möchte ich gerne bumsen."

So etwas soll Gottes Stimme sein? Niemals!

Das kann nicht sein, denn Gott ist vornehm, edel, sanft, liebevoll, aber doch niemals so ordinär.

Solche Worte würde er doch niemals in den Mund nehmen. Das können nur meine eigenen ‚schmutzigen' Gedanken sein!

So habe ich bisher auch immer gedacht.

Alles Schlechte war ich, und alles Gute war von Gott inspiriert.

Das, was von mir kam, habe ich abgelehnt, und es war mir zutiefst peinlich.

Heute bzw. seitdem mir dies klar geworden ist, glaube ich, daß er wirklich durch ***alle*** *unsere Gedanken zu uns spricht.*

Er ist pfiffiger, flexibler und phantasievoller, als wir alle glauben.

Er kennt alle Winkel unserer menschlichen Seele und setzt sie geschickt ein, um uns zu helfen, glücklich zu werden.

Er tut dies virtuos, lebendig, witzig, kraft- und lustvoll.

Warum also nicht so ein Satz, der uns vielleicht in Kontakt bringt und uns möglicherweise wunderschöne sinnliche Stunden beschert oder uns vielleicht auch ganz unerwartete neue Erfahrungen machen läßt.

Wer weiß das schon vorher?

Mir gehen diese Worte auf, als hätte ich sie noch nie gehört:

Gottes Wege sind wahrhaft unerschöpflich!

Seine Mittel sind ohne Grenzen, weil er alles, was existiert, einsetzen kann – natürlich auch jede menschliche Regung – Sehn-Süchte, Bedürfnisse und auch Ängste.

Ich finde, das ist eine sehr spannende und weitreichende Erkenntnis, die einem aber nur möglich ist und auch nur praktikabel ist, wenn man Gott grundsätzlich anders sehen kann und aus jeglichen kirchlichen und religiösen Zusammenhängen löst.

Damit sage ich nicht, daß Gott in der Kirche ***nicht*** *zu finden ist. Im Gegenteil, er ist natürlich* ***auch*** *dort zu finden.*

Das bringt mich allerdings auf einen weiteren ‚Nachteil', denn diese Form des Kontaktes zu Gott hat wirklich überhaupt keine Grenzen mehr, keine zeitlichen, keine räumlichen und keine gedanklichen.

Das ist Befreiung und Erschwernis zugleich, jedenfalls für mich.

Es wird leichter und zugleich auch schwieriger.

Es ist, im Idealfall, ein ständiger Kontakt und ein ständiges Bewußtsein um seine Präsenz.

Das ist eine unglaubliche Herausforderung, der ich mich natürlich selber zur Zeit nur sehr begrenzt gewachsen fühle. Da gibt es wieder viel zu lernen.

So werden in diesem Buch also zwei Möglichkeiten vorgestellt.

Jeder kann wählen, welche ihm besser liegt, oder nach Situation variieren, wie ich es in nächster Zeit versuchen will.

Ich finde das unglaublich spannend und es berührt mich tief, wie alles plötzlich wieder einen Sinn macht, auch die Ablehnung dieses Buches im Sommer.

Zwar weiß ich immer noch nicht, was daraus letztlich wird und ob nur ihr, liebe Freunde, es jemals lesen werdet, aber ich bin jetzt sehr gelassen, es so anzunehmen, wie es eben kommt.

Ich möchte die Textstelle, an der ich jetzt mit diesem Nachtrag eingestiegen bin, gerne wiederholen, um den Zusammenhang wiederherzustellen.

Es paßt nahtlos, und ich kann ohne weiteren Übergang mit dem fortfahren, was Gott in Findhorn diktiert hat.

Er scheint zufrieden mit mir zu sein.

In der Tat betrifft diese Haltung – man könnte sie ‚unbedingt sich selbst gehorchen' nennen – alle Bereiche, nicht nur die, die deinen Körper und deine Emotionen angehen.

Sie betrifft den Umgang mit dir selber, den Umgang mit anderen, mit der Natur, der Erde, mit mir – alles, wirklich alles!

Darum ist es so überaus wichtig, daß du es lernst wahrzunehmen.

Es erfordert Mut! Das ist **dein** Teil, das, was **du** geben kannst und mußt.

Der Mut, dir selber zu glauben.

Der Mut, dem zu vertrauen.

Mut, das Erkannte vor anderen dann auch zu vertreten, Mut, das dann wirklich in die Realität zu bringen, und das heißt, es auch zu leben.

Ich hoffe zwar, daß es überflüssig ist zu sagen, tue es aber vorsichtshalber trotzdem.

Wenn du für dein Wohlbefinden sorgst, das aber tust, indem du jemand anderen dafür einschränkst oder verletzt, dann wirst du zwar vielleicht zunächst Erfolg haben, auf Dauer wird der andere es dich aber früher oder später spüren lassen.

So wendet sich alles, was du anderen antust, immer irgendwann wieder gegen dich.

Das ist ein unabänderliches Gesetz, nicht einmal ich kann es für dich aufheben. Auf Dauer hast du damit also **nie** Erfolg.

Aber das weißt du sicherlich bereits.

Das schützt dich allerdings nicht davor, damit immer noch reichlich Erfahrungen zu sammeln, nicht wahr?

Das Glück der anderen ist immer auch dein Glück!

Also sorge möglichst dafür, daß es sowohl dir **als auch** den anderen gut geht.

Ich sehe, wie sich ironische Bemerkungen in deinem Kopf formieren. „Wie soll das denn gehen? Das ist doch nun wirklich außerhalb jeglicher Realität. Der hat ja keine Ahnung, wie unmöglich das bei mir ist."

Darauf möchte ich etwas später eingehen.

Im Moment ist mir wichtig, dir zu sagen, daß, wenn du nach einer Suche keine gute Lösung für **beide** Parteien findest und dich mit diesem hohen Anspruch einfach überfordert fühlst, dann (aber wirklich nur dann, wenn du es versucht hast) **sorge zuerst für dich**, egal, wie es dem oder den anderen damit geht.

Stellt das für dich die Dinge schon wieder auf den Kopf? Man hat dich gelehrt, daß das ‚Egoismus' ist?

Man hat dir gesagt, daß Egoist zu sein so ziemlich das Schlimmste ist in einer sozialen Gesellschaft?

Vergiß es!

Ich nenne es Eigenliebe, ‚sich-selbst-wichtig-nehmen', Selbstwertgefühl!

Wenn du auf Kosten des eigenen Wohlbefindens anderen hilfst, dann ist das Dummheit und falsch verstandene Nächstenliebe.

Davon hat keiner etwas, der andere letztlich auch nicht.

Du findest meine Behauptungen gewagt und sehr provozierend? – Gut! – Genau das möchte ich erreichen!

Prüfe, und denke genau und offen darüber nach.

➢ Erst wenn du gelernt hast, dich selber unbedingt ernstzunehmen, kannst du auch andere ernstnehmen.
➢ Erst wenn du dir selber helfen und dich gut abgrenzen kannst, kannst du anderen tatsächlich helfen.
➢ Erst wenn du gelernt hast, ‚Nein' zu sagen, kannst du auch wirklich und aufrichtig ‚Ja' sagen, nicht eher.

Klingt es immer noch so ungeheuerlich: erst du und dann die anderen?

Wenn du dich nicht selber lieben kannst,
wirst du nichts und niemanden lieben können!
Das ist eine Wahrheit,
an der niemand vorbeikommt.

Also sei getrost ‚egoistischer', und wenn jemand dir das vorwirft, dann freue dich, sieh es als Erfolg und entgegne ihm: „Ja, Gott sei Dank!"

Trotzdem, vergiß nie, nach einer Lösung zu suchen, die euch beide zufrieden machen kann und dem ‚Egoismus' **beider** entgegenkommt.

Das prüfe immer als erstes!

Wenn du gelernt hast, mich (oder wenn du es lieber ‚innere Stimme' nennen willst) zu hören, dann wirst du die Lösung dieses Rätsels leicht finden.

Kommt dir das bekannt vor? Richtig!

Das war bei den inneren Konflikten. Da waren in dir zwei Stimmen oder Impulse, die etwas Verschiedenes wollten.

Hier ist es haargenau das gleiche: das eine, das du willst und brauchst, und das, was der andere möchte.

Diesmal ist der Konflikt im Außen, was nun?

Ich sagte ja, ich komme darauf zurück.

Im Grunde ist es jetzt nur eine Wiederholung.

Es gibt wieder die vier Möglichkeiten:

1) Du tust, was die andere Person will	**➢ und dir geht es nicht gut**
2) Du tust, was du willst	**➢ und der anderen Person geht es nicht gut (und dir damit in Folge auch nicht)**
3) Du tust gar nichts, stellst dich tot	**➢ und beendest damit (zumindest im Moment) die Beziehung**

4) Du findest eine Lösung, die für dich und die andere Person gut und akzeptabel ist	➢	**und ihr seid beide zufrieden und in guter Beziehung**

Es ist wirklich ganz genau die gleiche Sache, und mit der Lösung verhält es sich ganz genauso.

Es gibt immer eine Lösung, wenn du sie nur suchst, und du kannst dir dabei meiner Hilfe gewiß sein.

Selbst wenn du dabei einen Kompromiß schließen mußt und nicht ganz das bekommst, was du wolltest, so wird deine Zufriedenheit um so größer sein, denn der Gewinn einer echten Beziehung, in der beide sich achten und gleich wichtig nehmen, wird dich dafür um ein Vielfaches entschädigen.

Glaube es nicht nur! Probiere es aus!

Wieder ist es nur wichtig, daß beide Teile einander Achtung entgegenbringen und auch die Zufriedenheit **des anderen** dir stets ein Anliegen ist.

Spürst du, wie wichtig und wie machtvoll diese wenigen Schlüssel sind, die ich dir gebe?

Wichtig für gute Partnerschaft und Beziehung, zu welchen Menschen auch immer.

Du solltest das nicht nur mit deinem Lebenspartner und deinen Kindern üben, sondern immer und mit allen Menschen: Kollegen, Kunden, Vorgesetzten, Nachbarn, Freunden usw. .

Natürlich betrifft das auch und gerade den Bereich der Sexualität, dieses Thema wollen wir nicht aussparen.

Egal mit wem und in welcher Situation, versuche immer sowohl deine Bedürfnisse wichtig zu nehmen **als auch** die des anderen.

Wenn du mit einem Partner zusammen bist, der das nicht akzeptieren will und deine Wünsche und Bedürfnisse nicht ernst und wichtig nimmt, dann schütze dich oder gehe.

Sorge dann vorrangig dafür, daß es **dir** gut geht. Du darfst das, wenn es eben nicht anders geht.

Nun weißt du, wie man auf innere und äußere Konflikte reagieren kann.

Was aber kannst du tun, damit es gar nicht erst zu einem Konflikt kommt? Das ist ebenfalls eine spannende Frage, nicht wahr?

Jeder Konflikt ist ein kleiner oder großer Kampf.

Du erkennst ihn also, wenn du dich selber im Kampfgeschehen entdeckst.

Du kannst jeden Kampf auf der Stelle aufgeben, er ist immer nur ein sicheres Zeichen dafür, daß etwas nicht richtig läuft.

Es ist egal, ob du gegen dich selber kämpfst, gegen andere oder gegen die Umstände.

Es ist sogar unwichtig zu verstehen, **was** da schief läuft, denn wichtig ist nur, daß du **bemerkst**, daß du offenbar wieder vom Weg abgekommen bist.

Exakt das ist nämlich passiert, wenn du dich im Kampf entdeckst.

Nicht, daß der Weg des Kampfes nicht auch ans Ziel führt.

Alle Wege führen irgendwann einmal ans Ziel, und das Ziel ist dein Glück und deine Zufriedenheit.

Wenn du den Kampf allerdings aufgibst, dann bist du im Grunde bereits da.

Kannst du das sehen?

Auf jeden Fall ist der kampflose Weg erheblich leichter und kürzer.

Den Kampf aufgeben? ‚Wieder so ein Schlagwort', wirst du vielleicht denken, ‚leichter gesagt als getan', aber nur weil dir eine Vorstellung fehlt, was das bedeutet und wie das gelebt werden kann.

Vielleicht hilft dir das Bild vom Tauziehen. Das kannst du dir vorstellen, nicht wahr?

Zwei Personen, du bist eine davon. Zwischen euch ein Seil, und ihr müht euch redlich ab, den jeweils anderen auf eure Seite zu ziehen.

Keine Sekunde darf deine Aufmerksamkeit und dein Krafteinsatz nachlassen, denn dann würde der andere gewinnen.

Für wie viele Beziehungen mag das typisch sein, was meinst du? (Und ich meine damit immer alle Beziehungen zwischen Menschen.)

Jetzt, wo du diese Situation auch von außen beobachtest, kannst du sehen, daß kaum Bewegung stattfindet.

Obwohl viel Kraft – sehr viel Kraft – auf beiden Seiten aufgewandt wird, geht es,wenn überhaupt, nur zentimeterweise mal in die eine und dann wieder in die andere Richtung.

Beide hängt ihr im wahrsten Sinne des Wortes ‚in den Seilen' und seid total erschöpft.

Für alles andere ist schon lange weder Kraft noch Lust vorhanden.

Beide haltet ihr lediglich ‚die Stellung'.

Das wäre also die Möglichkeit Nummer 3), ‚weder ich noch der andere'.

Doch obwohl ihr beide im Grunde eures Herzens keine Lust mehr zu diesem blöden Spiel habt und am liebsten aufgeben würdet, tut ihr es dennoch nicht, denn dann müßte jeder sich eingestehen, alles umsonst getan zu haben. Und so ist es leichter, einfach weiter auszuhalten, bis einer von euch beiden aus Erschöpfung zusammenbricht.

Doch obwohl dann einer von euch beiden offenbar ‚gewonnen' hat, wird es ihm keine wirkliche Befriedigung sein. Wahrscheinlich ist er nur froh, daß der andere umkippte, kurz bevor er selber zusammengebrochen wäre.

Das ist die Situation des Kampfes. Lies den Abschnitt ruhig noch einmal durch und erkenne dich in einigen Situationen und Beziehungen wieder.

So manches Tauziehen wird natürlich schnell entschieden, weil die Widersacher sehr deutlich unterschiedlich stark sind, so daß es Gewinner und Verlierer gibt. Wenn du der Gewinner warst, dann wäre das die Möglichkeit 2).

Bist du damit glücklich geworden? Oder schwelt die Spannung in irgendeiner Form immer noch zwischen euch? Vielleicht versucht der ehemalige Verlierer, dich immer wieder in eine Revanche zu ziehen?

In anderen Kampfsituationen magst du bereits seit Jahren ausharren, immer nahe an der Zermürbungsgrenze.

Kennst du das?

Nun stelle dir noch einmal kurz die Tauzieh-Situation vor. Gut.

Den Kampf aufgeben bedeutet nicht, mit hängendem Kopf zu resignieren und zu sagen:

„Ich gebe auf. Ich kann nicht mehr. Du hast gewonnen." Damit hättest du die Situation 1). Du gibst dem anderen allen Raum, gibst dich selber auf, machst dich klein, mißachtest dich selber.

Nein, so ist es nicht gemeint.

Den Kampf aufgeben bedeutet vielmehr, dem Gegenspieler direkt in die Augen zu sehen, das heißt, ihn und auch seine Erschöpfung wahrzunehmen und Kontakt mit ihm aufzunehmen, denn den hattet ihr im Grunde bisher nicht wirklich (nur durch das Tau).

Und jetzt stell dir vor, wie du lauthals lachst.

Deine Augen beginnen zu leuchten, und fröhlich sagst du zu ihm:

„Sag mal, was machen wir hier eigentlich für einen Mist? Das bringt so doch nie etwas. Ich mag nicht mehr kämpfen. Ich möchte aufhören. Laß uns doch gemeinsam nach einer Lösung suchen, mit der wir beide zufrieden sein können. Achtung, ich werde jetzt das Seil loslassen!"

Und nach dieser Warnung läßt du dann einfach los.

> **Wenn *du* das Seil losläßt, kann der andere machen, was er will, *der Kampf ist beendet.***
> **Zu einem Kampf gehören *immer* zwei!**
> **Wenn *einer* aufhört, ist der Streit beendet!**

Hier schlägst du den Weg 4) vor.

Kannst du den Unterschied zwischen den beiden Situationen spüren?

In den meisten Fällen, wo du solche oder ähnliche Worte sagst, wird auch dein Gegenspieler anfangen zu grinsen und froh sein, mit dieser unnützen Kraftanstrengung endlich aufhören zu können.

Er wird bereit sein, gemeinsam mit dir nach einer Lösung zu suchen.

Aber das muß nicht immer so sein. Es kann gut sein, daß der andere im Kampf bleiben will.

Nun, dann wird er fallen, wenn du das Seil losläßt.

Aber das ist dann nicht mehr deine ‚Schuld'!

Es war **seine** Entscheidung, und mehr als warnen kannst du und brauchst du nicht.

Ankündigen solltest du es aber auf jeden Fall, damit der andere auch die Möglichkeit hat, sich darauf einzustellen und sein Seilende loszulassen.

Allgemein bedeutet das, deine Entscheidung dem anderen klar und unmißverständlich zur Kenntnis zu bringen und dies mit einem Angebot zur Zusammenarbeit zu verbinden.

Wie auch immer der andere entscheiden mag, die Situation ist geklärt. Es geht wieder weiter, entweder mit oder ohne ihn.

Es gibt allerdings auch so richtige ‚Kampfhähne', die immer wieder versuchen werden, dich in neue Kämpfe hineinzuziehen.

Wenn du merkst, daß du wieder ‚drin' bist, dann löse dich wieder auf die oben geschilderte sanfte Weise.

Du solltest lernen und üben, das immer wieder zu praktizieren, bis es dir so leicht und selbstverständlich ist, daß man dich eigentlich gar nicht mehr in einen Kampf oder eine Auseinandersetzung ziehen kann und wird.

Dem Kampfhahn wirst du dann ein Vorbild sein, denn er muß bei dir immer wieder erfahren, daß Frieden, Freude und Zugewandtheit letztlich immer viel stärker sind.

Geht er mit, seid ihr beide Gewinner,
geht er nicht mit, bleibt er immer der Verlierer!
Am Ende wird auch er das einsehen.
Denn dies ist eine Zwei-Gewinner-Lösung.

Vielleicht magst du darüber meditieren.

Erinnere dich an verschiedene Streitsituationen.

Sie mögen heftig oder schleichend ablaufen oder abgelaufen sein. Es gibt auch die kalten Kämpfe, wo äußerlich kaum etwas wahrnehmbar ist.

Du wirst wissen, wo deine Kampfplätze sind.

Stelle sie dir jeweils so konkret wie möglich vor und überlege, was du sagen könntest.

Bemerke, wie du dich dabei fühlst, ob dir die Worte leicht oder schwer über die Lippen kommen.

Betrachte in deiner Phantasie, wie der andere darauf reagiert und wie du dich damit fühlst.

Verändert sich bei dir etwas durch seine Reaktion oder kannst du bei deiner gelassenen Haltung bleiben?

Spiele es für beide Situationen durch, also auch für den Fall, daß dein Gegenspieler nicht freudig den Kampf mit dir beendet, damit du dich auch auf diese Situation vorbereitest, denn sie ist ja durchaus realistisch. Beobachte dich einfach, wie es dir dabei geht, wenn du dann ‚losläßt', fortgehst oder was immer du auch tun magst. Fühlst du dich mies, schuldig oder vielleicht auch schadenfroh?

Bewerte es möglichst nicht, versuche einfach, dir klar im Bewußtsein zu halten, daß jeder für sein Verhalten und die daraus resultierenden Konsequenzen selber die Verantwortung trägt.

Du für dein Verhalten, der andere für seines!

Wenn du aber die Möglichkeit ‚durchspielst', daß der andere mit dir den Kampf beendet, dann sieh auch, wie ihr euch hinsetzt und gemeinsam überlegt, was man tun könnte, damit ihr beide zufrieden seid?

Wie fühlt sich das jetzt an?

Und wie fühlt es sich dann an, wenn ihr zu einem befriedigenden Ergebnis kommt? Wie nimmst du den anderen jetzt wahr? Wie fühlst du dich mit ihm? Wie geht ihr auseinander?

Vergleiche das noch einmal mit den Gefühlen in der Tauzieh-Situation.

Das kannst du viele Male, in verschiedenen Versionen durchdenken.

Und von Mal zu Mal fällt es dir leichter, denn auch, wenn du die Situationen nur gedanklich durchgehst, ist es eine Übung. Wenn du dann tatsächlich im Alltag eine Kampfsituation beenden willst, dann ist es so, als hättest du es schon oft gemacht. Es wird dir leichter fallen, und du bist vor Enttäuschungen besser gewappnet.

Ja, wir sind immer noch beim selben Thema, es ist immer noch der ‚Quantensprung' – die befreiende Erkenntnis:

„Hoppla, ich kämpfe ja! So etwas Dummes."

Wie ein Wunder ist damit der Bann bereits gebrochen, in dem du vielleicht seit Jahren gefangen warst.

Vielleicht dämmert es dir auch erst jetzt, daß du überhaupt mit einer Person im Kampf bist?

Worin liegt dieses ‚Wunder', dieses Geheimnis?

Es ist wieder ganz einfach!

Kein Wesen will im Grunde Kampf, Leid und Trennung. Wenn du so vorgehst wie oben beschrieben, dann wirst du bei dem anderen das Universelle ansprechen, das einzig Wesentliche.

Du sprichst es in dir an und im anderen, erinnerst an etwas, das tief verschüttet dennoch wartet.

Du öffnest die Tür zum Herzen, und es kann wirksam werden.

Unter einer dicken Schicht von Haarspaltereien, von alltäglichen Streitereien um Kleinigkeiten und

Auseinandersetzungen (wer mehr kann, mehr besitzt, mehr Rechte hat etc.) wollen **alle** Menschen, alle Wesen überhaupt, das gleiche:

Sie möchten akzeptiert und ernstgenommen werden, sie wollen in Frieden mit ihrer Familie und ihren Freunden leben. Sie sehnen sich nach Vertrauen und Offenheit, kurz, sie wollen einfach glücklich sein, sich wohl fühlen in ihrer Haut, in ihrer Umwelt und mit anderen.

– Glück!

Das ist das Wunder, das sofort wirkt, wenn du dich nur daran erinnerst:

'Moment mal, **ich** möchte doch glücklich sein!

Stop mal, **wir** wollen doch beide zufrieden sein!'

Du erinnerst an das einzig Wahre, an das einzige, das wirklich zählt, an die Sehnsucht, die jeder in sich trägt – **jeder!**

Und das ist es auch, was ich in dir anspreche.

Erinnerst du dich daran, daß ich ganz zu Beginn sagte, daß ich dies Buch für dich schreibe – schreiben kann, weil ich das Universelle in dir anspreche?

Das meinte ich.

Ich habe diese 'Kampfgeschichte' recht ausführlich geschildert, denn sie ist zentral wichtig.

Ich gehe jetzt noch einen Schritt weiter.

Es reicht nicht, wenn du diese Form des 'Kampf-Aufgebens' im Außen mit anderen praktizieren kannst.

Wenn es dir möglichst rasch gut gehen soll, dann mußt du auch und gerade mit dir selbst im Inneren üben.

Erinnere dich, das sind die Konflikt- (also Kampf-) situationen in dir, wo zwei verschiedene Regungen dich in ganz verschiedene Richtungen und Verhaltensweisen drängen möchten.

Es ist ja bereits an anderer Stelle näher erläutert.

Wenn du also merkst, daß du mit dir selber haderst oder mit einer Situation, wenn du mit dir unzufrieden bist oder dich zerrissen fühlst und nicht weißt, was du tun sollst, dann gehst du am besten genauso vor wie oben beschrieben.

Wenn du also merkst, daß in dir ein Kampf tobt (auch wenn du ihn bisher nicht als solchen gesehen hast), dann erinnere dich: ‚Moment mal, ich wollte doch glücklich sein.'

Dann sieh dir die (inneren) Parteien an, hör ihnen zu, setz dich quasi mit ihnen zusammen und finde mit meiner Hilfe – du kannst mich dann ja zu diesem Gespräch ‚einladen' – eine befriedigende Lösung für alle Teile deines Wesens.

Glück ist nicht nur und nicht immer etwas Passives, etwas, das einfach geschieht. Du mußt schon deinen Teil dazu tun. Du kannst aktiv etwas tun, daß es gut und schnell wächst und gedeiht.

Genauso wie eine Pflanze zwar auch ‚von alleine' wächst, aber sehr viel prächtiger gedeiht, wenn du ihr deine Aufmerksamkeit, sorgsame Pflege und deinen Schutz gibst.

Sei aktiv, versuche, mit dem Glück zu arbeiten und nicht gegen das Glück.

Glück hat der Tüchtige!

Am Anfang sind die Schichten, durch die du dich ans Licht arbeitest, dick und verkrustet, aber mit jedem Mal, daß du dich an das Wesentliche erinnerst, trägst du ein wenig von dieser Schicht ab – ganz sicher und ganz beständig!

Mach dir das ruhig immer wieder, auch ganz bildhaft, bewußt und erinnere dich besonders dann daran, wenn du mal enttäuscht bist, weil es nicht so klappt, wie du es dir vorgestellt hast oder nicht (sofort) das erhoffte Ergebnis bringt.

Der Versuch, der Wille, der Geist zählt!

Vielleicht wirst du einwenden, daß es ganz so leicht oft nicht ist, da es tatsächlich manchmal mehr als zwei Parteien oder Stimmen in dir oder auch im Außen gibt. Und damit hast du durchaus recht.

Das Prinzip, das du jetzt gelernt hast, bleibt jedoch immer dasselbe.

Du mußt den Versuch unternehmen, **allen** Parteien, **allen** Stimmen gerecht zu werden.

Höre ich wieder ein ‚Unmöglich!'?

Das ist eine Herausforderung, das gebe ich gerne zu, aber glaube nicht, daß dies unmöglich ist. Mit etwas Übung geht das prima.

Aber dazu soll Petra mal wieder etwas sagen.

Du meinst, ich soll über meine beruflichen Erfahrungen schreiben? Das tue ich gerne.

Genau das, was Gott eben beschrieben hat, das Schlichten von Problemen mit mehreren Parteien ist unter anderem mein Beruf.

Ich leite regelmäßig Supervisionssitzungen in Arbeitsteams, und meine Aufgabe besteht darin, bestehende oder entstandene Zwistigkeiten zu lösen und schlummernde Unzufriedenheiten aufzudecken.

Ich muß allen Menschen zuhören, und alle haben verschiedene Anliegen, Ängste, Schwierigkeiten, Fähigkeiten, Vorurteile, Wünsche und Sehnsüchte.

Und viele der Unterschiedlichkeiten mehr.

Jeder hat zudem eine andere persönliche Geschichte und andere Erfahrungen.

Manchmal prallen die Parteien heftig aufeinander, meistens vergiften unterschwellige Verletzungen das Klima.

Ganz selten und eher nur vorübergehend sind Stimmung und Gemeinschaftsgeist gut.

Manchmal gibt es zwei Parteien, ein anderes Mal drei oder vier. Dann wieder ist jede Person ihre eigene Partei, so daß ich es mit z.B. zehn verschiedenen Parteien zu tun haben kann.

Es kommt auch vor, daß ein Team eine Partei gegen mich ist oder versucht, es zu sein.

Egal wie die Situation auch ist, mein Ziel muß immer sein, jeden einzelnen ernst zu nehmen und am Ende ein befriedigendes,von allen akzeptiertes Gruppenergebnis zu erzielen.

Das Team muß schließlich arbeitsfähig bleiben oder werden, dafür werde ich bezahlt.

Wie kann ich jedes Individuum, Gruppenkonsens, Arbeitserfordernisse und die Firmenstruktur unter einen Hut bringen und so harmonisieren, daß ***alle*** *zufrieden sind?*

Das scheint in der Tat unmöglich.

Wenn ich darüber, wie jetzt gerade, nachdenke, erscheint es mir selber wie ein Wunder, daß es tatsächlich immer gelingt.

Doch wenn der Leser jetzt denkt:

Oh je, was für ein schwerer Beruf, aber der ist doch auch nicht repräsentativ', dann möchte ich nur daran erinnern, daß viele, viele Menschen ähnliche Berufe haben. Die meisten Berufe, die mit Menschen zu tun haben, müssen ständig mit vielen Fraktionen ‚jonglieren'. Ich nenne nur ein paar:

Richter, Lehrer, Vorgesetzte jeder Art, alle, die Gesprächs- und Gruppenleitung übernehmen, Kindergärtnerinnen, und ist nicht jeder Elternteil in einer Familie in einer ähnlichen Situation?

Die Situation ist also alltäglicher, als wir denken, nur den meisten ist es nicht bewußt, daß sie sie bereits, mit mehr oder weniger Erfolg, bestehen.

Aber zurück zu mir. Ich habe festgestellt, daß es nicht so gut klappt, wenn ich zuviel drüber nachdenke.

Vor allem darf ich keine Angst haben oder ‚unmöglich' sagen, dann lande ich ganz sicher völlig hilflos in der Sackgasse und verstärke die Probleme und Spannungen in der Gruppe noch.

Statt dessen denke ich immer nu, bei jedem, der etwas äußert:

'Du hast recht. Aus deiner Sicht verstehe ich, wie es dir geht. Ich werde versuchen, dir zu helfen und dir, soweit es geht, entgegenkommen.'

*Das denke ich bei **jedem**, oft sage ich es auch laut (oder etwas in dieser Art), wenn ich den Eindruck habe, daß jemand dringend Bestätigung und Rückhalt braucht, und wenn ich es der Gruppe bewußt machen will.*

Und zwischendurch mache ich es mir auch für mich selber bewußt – das ist für mich ganz wichtig –

*'ich habe auch ein Recht auf **meine** Gefühle, und ich werde auch mich selber ernst und wichtig nehmen.'*

Zwar ist es meine Aufgabe, neutral zu bleiben, aber ich bleibe dennoch ein Mensch, und was in der Gruppe passiert, macht immer auch etwas mit mir.

Es gibt auch Grenzen bei mir!

Auf eine bestimmte Art bin ich immer auch Teil der Gruppe, auch wenn es meine Aufgabe ist, den Überblick (=Supervision) zu behalten.

*Immer wieder sorge ich dafür, daß den Teilnehmern bewußt wird und bleibt, **daß** jeder anders ist, **daß** jeder anders empfindet, **daß** jeder etwas anderes braucht.*

Ich sorge dafür, daß möglichst nie vergessen wird, daß jeder einzelne wichtig ist – ohne Ausnahme!

Nur in diesem Punkt bin ich sehr streng und unnachgiebig, dulde keine Ausgrenzungen oder Verletzungen und Mißachtungen der Persönlichkeit.

Und wenn alle in der Gruppe die Gelegenheit hatten, zu Wort zu kommen, wenn jeder Raum und Zeit für sich hatte und von den anderen gehört und verstanden wurde (notfalls mit meiner Hilfe), dann erst stelle ich an die Gruppe die Frage:

'Und jetzt ? Was machen wir jetzt damit ? Fällt euch etwas ein, so daß jeder zufrieden sein kann ?'

Mehr tue ich in der Tat im Grunde nicht – dies ist immer dasselbe Muster:

Ich gebe jeder Partei die Gelegenheit, sich zu äußern, gebe jedem das Gefühl und die Bestätigung, wichtig zu sein, und rege dann an, wenn die unterschiedlichen Wünsche und Vorstellungen klar sind, gemeinsam an einer Lösung zu arbeiten.

Mehr tue ich eigentlich nicht – das ist das ganze Geheimnis. ***Und es funktioniert!***

Die Lösung kommt meistens leicht, wie von alleine, und jeder einzelne hat das befriedigende Gefühl, daran beteiligt gewesen zu sein.

Es stärkt das Gruppengefühl, denn eigentlich wollen ja alle das gleiche: in Frieden und möglichst mit Freude miteinander zu arbeiten und ernst genommen zu werden.

Ich tue also tatsächlich nichts anderes, als dafür zu sorgen, daß Gottes Gesetze wirksam werden können.

Und dann gebe ich an ihn ab.

Wenn man das beherzigen und im Bewußtsein behalten kann, dann ist es völlig egal, um wie viele Parteien oder Stimmen es sich auch immer handelt.

Es reicht eine einzige Person in einer Gruppe, die an das gemeinsame Ziel erinnert.

Theoretisch, so denke ich gerade weiter, müßte man so die ganze Welt einen können, wenn mehrere wichtige und starke Menschen an den richtigen Stellen unbeirrt an das erinnern, wonach alle Menschen sich sehnen.

Aber das ist wohl (noch) eine Theorie, eine Vision oder?

Richtig! Wir arbeiten daran, nicht wahr?

Ja, das war es eigentlich auch schon. Mehr wollte ich gar nicht sagen. Alles wirklich Wichtige ist gesagt.

Ich sehe, daß du jetzt wieder skeptisch wirst:

‚Das kann doch wohl nicht sein. Da gibt es doch noch Tausende von wichtigen Themen.

Was ist mit Karma, Lebensaufgabe, Tod, mit Sexualität, Erziehung, Partnerschaft, mit Politik, Gesellschaft, sozialen Projekten, Krieg und Frieden?

Was ist mit Ego, höherem Selbst, Jesus, Heiligem Geist usw. usw. usw.?‘

Und die größte Enttäuschung vielleicht überhaupt: ‚Da hat er noch mit keinem Wort die Liebe erwähnt.

Was ist mit der Liebe – der erlösenden Kraft der Liebe? Ist denn nicht die Liebe das Wichtigste überhaupt?‘

Das war Absicht. Ich habe ganz bewußt vermieden, dieses Wort zu benutzen.

Kannst du dir denken, warum?

Das Wort ist so strapaziert und abgenutzt wie der Begriff ‚Gott‘.

Liebe ist das Rezept für alles, aber obwohl jeder dieses Wort in seinem Munde führt, wissen nur wenige, was es wirklich bedeutet, und noch schwieriger scheint es zu sein, Liebe im Leben auch wirklich zu praktizieren.

‚Liebe deinen Nächsten...‘ – aber wie mache ich das?

Anlächeln? – Nicht schlecht, zwar oftmals mehr gespielt und gequält, aber dennoch wirksam.

Aber trifft es das?

Freundlichkeit, Aufopferung, Dienen, Gebet, Hilfe, Treue, Freundschaft, Sexualität – so viele Begriffe, die alle mit Liebe verbunden werden, und das ist richtig und trifft es dennoch nicht annähernd.

Es ist das Wort, das bei euch am meisten gebraucht, am wenigsten verstanden und noch seltener tatsächlich gelebt wird.

Die Findhorner werden jetzt die Stirn runzeln, und ich kann sie trösten. Ihr Leben kommt dem wahren Prinzip der praktizierten Liebe – so wie in anderen ähnlichen Zentren – noch am nächsten.

Hier wächst ein Bewußtsein dafür, und von hier aus geht es in alle Welt.

Das ist auch ein Grund, warum das Buch **hier** entsteht.

Mir ist wichtig, daß ein neues starkes Bewußtsein dafür entsteht, was **ich** mit Liebe meine, ganz praktisch und anwendbar. Auf den Punkt gebracht, so knapp und einfach wie nur irgend möglich.

Keine zusätzliche Ausweitung des Begriffes, sondern eine Konzentration auf das Wichtige – ohne Heiligenschein, ohne Romantik und Sentimentalität, ohne Hochschulstudium, mit wenigen Worten.

Petra meint, ich solle endlich zur Sache kommen, und sie hat recht.

Ich mache es spannend, nicht wahr?

Wenn du diese wenigen Dinge, die ich dir in diesem Buch vorgeschlagen habe, lebst – dann praktizierst du Liebe.

Das ist Liebe!

Wenn du dich selber absolut ernst
und wichtig nimmst, dann liebst du dich!

Wenn du jeden anderen Menschen,
egal welchen Alters, Geschlechts, Rasse usw.
ernst und wichtig nimmst, dann liebst du ihn!

Dein körperliches, seelisches und emotionales Wohlbefinden ist ein ganz sicherer Wegweiser dafür, ob du Fortschritte oder Rückschritte machst.

Wenn du Pflanzen, Tiere, die Erde mit allen
ihren Facetten genauso ernst nimmst und
ihre Bedürfnisse mit bedenkst, dann liebst du!

Und wenn du alle meine sichtbaren und unsichtbaren, häßlichen und schönen, sanften und gefährlichen Geschöpfe liebst, dann liebst du mich!

Mehr kannst du nicht tun!

Das Zentrum aber, von dem das alles ausgeht, das ist immer dein eigenes strahlendes Wohlbehagen in allen Bereichen deines Seins.

Wenn das deine Grundlage ist, dann bist du in Verbindung mit dir und damit mit mir, dann ist dir alles möglich, alles wird dir leicht fallen.

So einfach ist das.

Mach nicht mehr daraus!
Lebe es!
Mehr mußt du nicht tun!
Mehr kannst du auch gar nicht tun!
Um alles Weitere mußt du dich nicht sorgen,
es geschieht dann von alleine.

Du hast keine weitere Verpflichtung außer der, glücklich zu sein und andere glücklich sein zu lassen!

Und jetzt betrachte die Liste der Themen, die wir alle noch behandeln könnten.

Sie würden doch nur ständige Wiederholungen dieses einen Themas sein, kannst du das sehen?

Es ist jetzt deine Aufgabe, zu überlegen, was das Gesagte für die genannten Bereiche bedeutet.

Du hast die Grundlage zum Verständnis **aller** Lebensbereiche.

Nur dies eine mußt du verstanden haben.

Vergiß Ego und Selbst, es ist egal, welche Teile deines Wesens deine Hilfe erbitten und wie sie heißen.

Verliere dich nicht in Differenzierungen, sondern komme immer wieder zurück auf das Wesentliche, das Eine.

Frage nicht, wer da Hunger hat und warum, sondern iß einfach!

Nimm **alles** ernst, jede Stimme, jede Regung – bei dir und bei anderen – und du wirst gesunden, und die Menschheit wird gesunden.

Auch die Frage ob, ich der Eine bin oder dreigeteilt, ist unwesentlich für deinen Weg und deine Glückseligkeit. Glaub mir!

Auch hier ist es besser, zu vereinfachen als zu differenzieren. Nach einer geschichtlichen Zeit der Analyse, der Wissenschaft und der Differenzierungen braucht es jetzt wieder die Vereinfachung, allein schon deshalb, um es für jeden Erwachsenen und jedes Kind verständlich zu machen.

Übrigens, glaub nicht, daß Kinder das nicht verstehen. Du kannst es ihnen mit ganz einfachen Worten erklären, und sie verstehen erst recht, wenn du es ihnen vorlebst. Oft verstehen sie viel leichter als Erwachsene, unterschätze sie nicht!

Es ist wichtig, daß sie verstehen, denn **in den Händen der Kinder ruht die Zukunft der Welt.**

Ausblick und persönliches Geleit

Was bedeutet das Gesagte für dein Leben, ganz persönlich für dich?

Betrachte dein heutiges Leben, gerade so, wie es ist: deinen Beruf, deine Kontakte, deine Hobbys usw..

In welchen Bereichen kannst du etwas bewegen?

Wo kannst du das Gesagte anwenden, praktizieren, üben? Wo willst du beginnen?

Richtig, natürlich bei dir selber, du hast gut aufgepaßt. Und dann?

Stelle dir vor, **jeder** praktiziert das nur für sich und in seiner unmittelbaren Umgebung...

Ich glaube, du wirst verstehen, daß das die Welt verändern muß und wird.

Schritt für Schritt, aber ganz sicher.

Ich werde dir helfen, ich werde bei dir sein.

Wann immer du Rücksprache mit mir wünschst, Rat und Hilfe brauchst, kannst du mit mir reden.

Du weißt jetzt, daß es nichts Besonderes ist.

Versuche es nur und lausche....

Um alles Weitere mach dir keine Sorgen, es wird einfach passieren!

Strebe nichts anderes an als das!

Vergiß spirituelle Entwicklung, Überwindung des Ego und all die netten Dinge, an denen ihr heute so viel herumarbeitet.

Strebe nur das Glück an – jetzt, in diesem Moment!

Wir empfehlen in diesem Zusammenhang
aus unserem Programm
ganz besonders
die Bücher von Bartholomew:

Bartholomew's Lachende Weisheit 1
ISBN 3-924161-29-1

Bartholomew's Lachende Weisheit 2
ISBN 3-924161-34-8

Bartholomew's Lachende Weisheit 3
Erwachen vom Traum
ISBN 3-924161-56-9

Reisen mit Bartholomew
ISBN 3-89568-023-0

erschienen im

ch. falk verlag